Peter Holzwarth

Life Skills mit Medien

Peter Holzwarth

Life Skills mit Medien

Projektideen für Selbstbewusstsein
und Lebenskompetenzen

kopaed (muenchen)
www.kopaed.de

Bibliografische Information der Deutschen Nationalbibliothek Die Deutsche Nationalbibliothek verzeichnet diese Publikation in der Deutschen Nationalbibliografie; detaillierte bibliografische Daten sind im Internet über http://dnb.dnb.de abrufbar.

ISBN 978-3-96848-063-3
eISBN 978-3-96848-663-5

Cover: Peter Holzwarth
Dr. Peter Holzwarth, Medienpädagoge, Pädagogische Hochschule Zürich

Der Autor lebt und arbeitet in der Schweiz. Dort gibt es kein «ß», anstelle dessen wird immer «ss» verwendet.

Druck: Adverts, Riga (Lettland)

Arnulfstraße 205, 80634 München
Fon: 089. 688 900 98 Fax: 089. 689 19 12
e-mail: info@kopaed.de Internet: www.kopaed.de

«DINGE, DIE ICH GERN IN DER SCHULE GELERNT HÄTTE
1. Wie ich mit meinem inneren Kritiker umgehen kann.
2. Wie ich meine Stresslevel runterfahren kann.
3. Wie ich Selbstliebe & Selbstmitgefühl praktizieren kann.
4. Achtsamkeit & Meditation.
5. Bewältigungsstrategien bei Angst und anderen schwierigen Gefühlslagen.
6. Wie ich meine Selbstwertgefühl stärken kann.
7. Wie ich negative Gedanken umwandeln kann.
8. Dass Perfektion keine Option ist und Fehler dazugehören.
9. Dass ich wertvoll bin und keine äußeren Umstände das je ändern können.»

Instagram: «mind.corner, Ottensen, Hamburg»

«So many years of education yet nobody ever taught us how to love ourselves and why it's so important.»
(Unbekannt)

«So viele Jahre Ausbildung, aber niemand hat uns jemals beigebracht, wie man sich selbst liebt und warum es so wichtig ist.»
(Unbekannt)

Inhalt

Vorwort

Medienprojekte helfen jungen Menschen und Erwachsenen, ihr Selbstbewusstsein zu stärken. Selbstbewusstsein im Sinne von Selbstwertgefühl, Selbstvertrauen und Selbstsicherheit, aber auch im Sinne von sich seiner selbst bewusst sein, sich seiner Stärken und Schwächen, seiner Potenziale bewusst sein.

Das Konzept Life Skills der World Health Organisation (WHO) kann helfen, Kompetenzbereiche, die für Selbstbewusstsein von Bedeutung sind, bewusst zu entwickeln (z. B. Umgang mit Emotionen, Empathie, soziale und kommunikative Kompetenzen).

Die hier vorgestellten Projektideen eignen sich sowohl für schulische als auch ausserschulische Zusammenhänge. Sie werden unterschiedlich detailliert beschrieben und lassen sich an die jeweiligen pädagogischen Kontexte anpassen. Die Auseinandersetzung mit Life Skills und persönlicher Entwicklung kann auf zwei Ebenen gesehen werden: Die Entwicklungsprozesse der Zielgruppe (Kinder, Jugendliche, Erwachsene) und die Entwicklungsprozesse von Pädagoginnen und Pädagogen. Die Vermittlung von Life Skills beinhaltet immer auch eine Reflexion der eigenen Stärken und Entwicklungsbereiche. Insofern können beide Seiten profitieren.

Ich danke der Pädagogischen Hochschule Zürich, allen beteiligten Personen der IPE-Projekte FACE (Families and Children in Education), PEACOCK (Peace through cooperation, competencies, and knowledge), und ENGAGE (Strengthening Civic Education in a young Democracy), allen Projektteilnehmenden, Projektpartnern, Studierenden, Kolleginnen/Kollegen und Freunden für ihre Impulse, Rückmeldungen und Hinweise. Dank geht insbesondere an folgende Personen:

Zeliha Aktas, Driton Berisha, Corinna Borer, Samir Boulos, Werner Burger, Mareike Düssel, Doris Eppinger, Hans-Ulrich Eppinger, Jürg Fraefel, Lukas Geiser, Rolf Gollob, Thomas Györffy, Iris Henseler, Thomas Hermann, Isolde Holzwarth, Juro Holzwarth, Marlo Holzwarth, Ulrike Holzwarth, Raha Jabbari, Martin Keller, Ariane Koch, Doris Kuhn, Theresa Lempp, Volker Löffler, Nexhat Maloku, Sabrina Marruncheddu, Björn Maurer, Martina Meienberg, Max Meienberg, Adrian Müller, Laura Müller, Horst Niesyto, Benno Patzer, Gian-Matteo Plüss, Alex Rickert, Bettina Roth, Sara Signer, Thomas Sprandel, Virna Talarico, Friederike Tilemann, Marcelo Sánchez, Olga Pérez Solares, Nathalie Danja Streit, Daniel Süss, Wiltrud Weidinger, Isabel Willemse und Beatrix Zumsteg.

Life Skills – Lebenskompetenzen

«Life skills are important because they give young people more control to improve their lives. Life skills provide young people with a better understanding of themselves and others, so that they can make better choices and learn to cope with changing events in the world they inhabit.»
(World Health Organisation 2020, S. 19)

«Wer Erfolg im Leben haben will, muss klug mit seinen Gefühlen umgehen können und das emotionale Alphabet beherrschen. (...) Was nützt ein hoher IQ, wenn man ein emotionaler Trottel ist?»
(Daniel Goleman 1997)

Das Konzept Life Skills wurde von der World Health Organisation (WHO) eingeführt. Sie werden folgendermassen definiert:

> «Life skills are abilities for adaptive behaviour that enable individuals to deal effectively with the demands and challenges of everyday life»
> (World Health Organisation 1997, S. 1).

Es werden zehn zentrale Skills definiert: Decision-making (Fertigkeit, Entscheidungen zu treffen), Problem-solving (Problemlösefertigkeit), Creative thinking (kreatives Denken), Critical thinking (kritisches Denken), Effective communication (Kommunikationsfertigkeit), Interpersonal relationship skills (Beziehungsfähigkeit), Self-awareness (Selbstwahrnehmung), Empathy (Empathie/Einfühlungsvermögen), Coping with emotions (Gefühlsbewältigung) und Coping with stress (Fähigkeit zur Stressbewältigung).

Im Folgenden werden die Skills etwas weiter ausgeführt (vgl. Bühler & Heppekausen 2005; Schwerpunktprogramm «gsund und zwäg i de Schuel» 2012):

Decision-making (Fertigkeit, Entscheidungen zu treffen)	Entscheidungen auf der Grundlage von Informationen und abgewogenen Argumenten fällen können, die Auswirkungen von verschiedenen Alternativen antizipieren und abwägen können.
Problem-solving (Problemlösefertigkeit)	Persönliche und anderweitige Probleme analysieren und lösen können: Ungelöste Probleme können Stress und Druck bedeuten.
Creative thinking (kreatives Denken)	Bei der Lösung von Problemen auch neue und unkonventionelle Wege gehen können.

Critical thinking (kritisches Denken)	Informationen, Phänomene und Erfahrungen kritisch und objektiv hinterfragen können. Damit verbunden kann auch die Frage sein: Wer hat Interesse an einer bestimmten Version der Wirklichkeit? Auch Selbstkritik spielt eine Rolle.
Effective communication (Kommunikationsfertigkeit)	Mit anderen Menschen, Gruppen und Institutionen mit und ohne Medien erfolgreich und situationsadäquat kommunizieren können – auch in Kontexten, bei denen unterschiedliche Sprachen und Werte eine Rolle spielen (transkulturelle Kommunikation). Dabei spielen die verbale und die nonverbale Ebene eine Rolle. Wichtig ist auch die Kommunikation von Meinungen und Bedürfnissen, ebenso die Fähigkeit, nach Rat und Hilfe fragen zu können.
Interpersonal relationship skills (Beziehungsfähigkeit)	Positive Beziehungen zu anderen Menschen aufbauen und aufrechterhalten können (auch Freunde, Familie). Ein Gespür dafür haben, welche Kontakte einem gut tun und welche einem schaden. Dazu gehört auch die Kompetenz, Beziehungen – wenn nötig – auf gute Art beenden zu können. Nähe und Distanz regulieren und sich abgrenzen können. Die Fähigkeit zu Kooperation und Teamwork spielen ebenfalls eine Rolle.
Self-awareness (Selbstwahrnehmung)	Die eigenen Stärken und Schwächen kennen und anerkennen. Zur Selbstreflexion fähig sein. Wissen, was man mag und nicht mag, was einem gut tut und was nicht. Die eigenen Werte kennen.
Empathy (Empathie/ Einfühlungsvermögen)	Sich in andere Menschen hineinversetzen können – auch wenn die Lebenswelten verschieden sind (z. B. andere kulturelle Kontexte, Altersunterschiede, Menschen mit Behinderung). Sich vorstellen können, wie das eigene Verhalten bei anderen ankommt.
Coping with emotions (Gefühlsbewältigung)	Die Emotionen von sich selbst und anderen wahrnehmen und deuten können. Über fremde und eigne Gefühle verbal kommunizieren können. Gefühle situationsadäquat ausdrücken können – sprachlich, mimisch und körperlich. Gefühle regulieren können (insbesondere auch die so genannten negativen Gefühle). Den Zusammenhang von Emotionen und Verhalten kennen.

Coping with stress (Fähigkeit zur Stressbewältigung)	Auslöser von Stress im eigenen Leben kennen und ein Gespür dafür haben, wie Körper und Psyche darauf reagieren. In Belastungsphasen entspannen und Stress regulieren können. Dazu gehört auch, Stressquellen im eigenen Leben reduzieren zu können.

(vgl. Projektidee «Life Skills kennen lernen und sich selbst einschätzen», S. 153)

Es wird betont, dass sich die verschiedenen Life Skills überschneiden und dass deren Vermittlung möglichst ganzheitlich erfolgen sollte: «It is important to note that all life skills overlap with each other and can best be supported through a holistic approach.» (Borer, Holzwarth und Weidinger 2020, S. 2).

Nicht bei allen Life Skills gilt «je mehr, desto besser». Es kommt auch auf ein gutes Mass und eine gute Ausgewogenheit an. Eine Person mit zu viel Empathie könnte beispielsweise ihre eigenen Bedürfnisse und Grenzen zu wenig wahrnehmen (Gefahr der Selbstaufgabe).

Mit Hilfe des Werte- und Entwicklungsquadrats von Schulz von Thun (1989) kann man sich verdeutlichen, dass jeder Wert bzw. jede Tugend (z. B. Empathie) auch eine Gegenkraft oder Schwestertugend benötigt (z. B. positive Selbstbezogenheit/Selbstsorge), damit es keine Fehlentwicklung ins Extreme gibt (z. B. Selbstaufgabe oder Egozentrik).

Empathie (Tugend)	___	**Positive Selbstbezogenheit/Selbstsorge** (Schwestertugend)
I	X	I
Selbstaufgabe (Übertreibung der Empathie)	___	**Egozentrik** (Übertreibung der positiven Selbstbezogenheit/Selbstsorge)

Am Beispiel eines Interessenkonfliktes lassen sich die Skills mit Alltagsbezug darstellen. Zwei Personen sind sich uneinig in Bezug auf eine Entscheidung und müssen eine Lösung finden:

Thema im Kommunikationsprozess	**Erforderliche Life Skills**
Person A will etwas anderes als Person B, es entstehen Dissens und Frustration.	Coping with emotions, Coping with stress
Person A: Wo stehe ich? Wo sind meine Bedürfnisse?	Self awareness
Welche Interessen hat die andere Person B?	Empathy

Wie können die unterschiedlichen Positionen und Bedürfnisse kommuniziert werden?	Effective communication
Welche Lösungsmöglichkeiten gibt es? Welcher Lösungsweg soll gewählt werden?	Critical thinking, Creative thinking, Decision making, Problem solving
Wie soll kommuniziert werden?	Effective communication
Mit wem gemeinsam? Wer kann helfen?	Interpersonal relationship skills, Empathy

Life Skills können in verschiedenen Lebenskontexten angeeignet werden: im Elternhaus, in der Schule, in Peer Groups und in verschiedenen Medienwelten. Im Zusammenhang mit sozialer Ungleichheit und unterschiedlich verteilten Ressourcen ist zu bedenken, dass die Chance besteht, Defizite auszugleichen. Ein Mensch, der in ungünstigen familiären Verhältnissen aufwachsen musste oder seine Bezugspersonen früh verloren hat, kann in schulischen und medialen Kontexten die Aneignung von Life Skills kompensieren bzw. fortsetzen. Auch die ausserschulische Bildung spielt in diesem Zusammenhang eine Rolle (Jugendarbeit, Erwachsenenbildung, soziokulturelle Animation, Soziale Arbeit).

Die Vermittlung von Life Skills ist einerseits zentral für das Wohlbefinden eines jeden Menschen, andererseits spielt sie auch eine große Rolle für den Zusammenhalt einer Gesellschaft. Auf der ökonomischen Ebene können gesellschaftliche Folgekosten von Fragmentierung, Desintegration und Armut minimiert werden. Dieses Argument kommt im folgenden Bonmot von Derek Bok pointiert zum Ausdruck: «If you think education is expensive try ignorance.»

Wichtig ist, bei Projekten die Probleme von Zielgruppen nicht zu individualisieren, zu kulturalisieren oder zu psychologisieren. Die Vermittlung von Life Skills muss mit anderen Entwicklungsebenen verbunden werden. Auch ökonomische Ressourcen, politische Rahmenbedingungen und Ausgrenzungsphänomene müssen beachtet und verändert werden (vgl. Frick 2021).

Ein Beispiel: Eine Gruppe von jungen Menschen hat schlechte Zukunftsperspektiven, weil diese Menschen in einem sozialen Milieu aufwachsen, in dem es an Geld und Bildung fehlt (mangelndes ökonomisches und kulturelles Kapital im Sinne von Bourdieu). Für diese Jugendlichen wäre es nicht ausreichend, wenn sie nur an ihren Life Skills arbeiten würden – es braucht auch strukturelle Veränderungen in Bezug auf ihre Lebenssituation. Im Idealfall bedeutet die Entwicklung von Life Skills nicht die Anpassung an ein bestehendes System, im Sinne einer besseren Vermarktbarkeit von Arbeitskräften oder im Sinne einer besseren Frustrationstoleranz, sondern auch die Befähigung, Systeme im Sinne von mehr sozialer Gerechtigkeit und Menschlichkeit zu verändern. Menschen sollen nicht deswegen gestärkt werden, damit sie besser ausgebeutet werden können.

Mappes-Niediek betont im Kontext von Roma-Communities, dass Projekte im Grunde nichts bewirken können, solange Armut bestehen bleibt und grundlegende Bedürfnisse wie Zugang zu Arbeit, Bildung, Nahrung, Schule und Transport nicht sichergestellt sind:

> «Ich glaube wir werden den Problemen der Roma mit Projekten nicht beikommen. Das Hauptproblem, das Grundproblem ist die Armut, der mangelnde Zugang zu Arbeitsplätzen, der mangelnde Zugang zu angemessener Bildung, der mangelnde Zugang zum Gesundheitswesen. Und es geht zunächst einmal darum, damit eine prosperierende Ökonomie sich auch in diesen Randgebieten der Gesellschaft entfalten kann, Grundbedürfnis zu befriedigen. Jeder muss genug zu essen haben, jeder muss nicht nur theoretisch in die Schule gehen, sondern auch die Möglichkeit haben, sich dorthin transportieren zu lassen, und zwar unentgeltlich. Jeder muss ein Dach über dem Kopf haben in unseren Breiten. Das sind Grundbedürfnisse, die es bedingungslos zu erfüllen gibt und da hilft keine volkserzieherische Bemühung und kein noch so gut gemeintes Projekt»
> (Mappes-Niediek: «Arme Roma, böse Zigeuner | Was an den Vorurteilen über die Zuwanderer stimmt» – https://youtu.be/_e435Ao5zt8; vgl. Mappes-Niediek 2013)

Im Kontext von Digitalisierungs- und Mediatisierungsprozessen bekommen Life Skills einen besonderen Stellenwert. Als nicht automatisierbare Kompetenzen ermöglichen sie dem Menschen vielleicht einen Vorteil gegenüber Computern, Robotern und Maschinen:

> «Die oft gehörte Aussage, Kinder und Jugendliche müssten einfach den Umgang mit Computer und Internet erlernen, greift zu kurz. Damit ist es nicht getan. Bereits 1982 hat der ehemalige Informatikprofessor Klaus Haefner betont, dass sich die Schule in einer Welt, in der aus Kostengründen immer mehr automatisiert wird, auf das Nichtautomatisierbare konzentrieren muss. Es ergebe keinen Sinn, die Schülerinnen und Schüler etwas üben zu lassen, das Computer oder Roboter schneller und zuverlässiger erledigen könnten. Es mag aufs Erste überraschend klingen: Schule in einer digitalisierten Welt sollte typisch menschliche Kompetenzen wie Teamfähigkeit, Sozial- und Kommunikationskompetenz sowie Kreativität fördern.»
> (Döbeli 2016, S. 23)

Ausserdem schaffen Digitalisierungsprozesse auch Probleme, denen der Mensch mit Kreativität, Kritik, Empathie und Menschlichkeit begegnen muss (ökologische Probleme, Arbeitslosigkeit, soziale Fragmentierung im Kontext von Pandemien, ethische Dilemmata, Stress und Belastung, Beschleunigung, Vereinsamung, Sinnfragen etc.).

Betrachtet man Life Skills im Kontext, werden verschiedene Berührungspunkte zu anderen Konzepten deutlich: soziale Kompetenz, Selbstkompetenz, überfachliche Kompetenzen (personale, soziale und methodische Kompetenzen) (Bildungsdirektion des Kantons Zürich 2017), Selbstkonzept, Selbstwertgefühl, Selbstwirksamkeit (Bandura 1997), emotionale Intelligenz (Goleman 1997), interkulturelle Kompetenz (Auernheimer 2013), 21st Century Skills/Four Cs/4K (Kooperation, Kommunikation, Kreativität und Innovation sowie kritisches Denken und Problemlösen) (Rickert 2019; Sterel, Pfiffner und Caduff 2018), VUCA-Konzept (Volatility, Uncertainty, Complexity und Ambiguity) (Hieronymi 2016), Fremdheitskompetenz, kommunikative Kompetenz, Selbstreflexion, Kapitalsorten (Bourdieu 1982), Ressourcen, Achtsamkeit (Nakamura 2012), Ambiguitätstoleranz, Frustrationstoleranz, fixed mindset vs. growth mindset (Dweck 2012), Coping, Resilienz, Salutogenese/Kohärenzgefühl (Verstehbarkeit, Handhabbarkeit, Sinnhaftigkeit) (Antonovsky 1997), Schulfach Glück (Fritz-Schubert 2010; Fritz-Schubert et al. 2015), Philosophie der Lebenskunst (Schmid 1998), Positive Psychologie (Steinebach et al. 2012), Positive Medienpsychologie (Süss 2012), kritische Lebensereignisse (Filipp 1995) und Medienkompetenz (Baacke 1999). Einen Überblick zum Diskurs um verschiedene Kompetenzkonzepte im digitalen Zeitalter bietet Genner (2021).

Das Konzept Life Skills bietet Anschlussmöglichkeiten zu verschiedenen Handlungsfeldern, z. B. Gesundheitserziehung, Gesundheitsprävention, Sexualpädagogik, Kinderrechte, Menschenrechtsbildung, Citizenship Education, politische Bildung, Demokratiebildung, Friedenspädagogik, inklusive Bildung, Beratung/Coaching/Therapie, Berufswahlunterricht/Berufsorientierung, Bildung für nachhaltige Entwicklung (BNE), Globales Lernen, interkulturelle/transkulturelle Pädagogik und Medienbildung.

Medien eignen sich besonders gut für die Bewusstmachung und Weiterentwicklung von Life Skills – sowohl als Werkzeuge als auch in Form medialer Eigenproduktionen (Brenner & Niesyto 1993; Niesyto 1991; Schell 2003).

Medien sind sehr präsent in den Lebenswelten von Kindern, Jugendlichen und Erwachsenen. Das Arbeiten mit Medien motiviert, und visuelle Medien wie Fotografie und Video erlauben die Arbeit am Selbstbild – im wörtlichen Sinn (Portraits und Selfies) und im übertragenen Sinn (Aspekte der Person kommen im Medienprodukt zum Ausdruck). Ein weiterer Vorteil ist die Tatsache, dass Bilder Verstehenspotenziale enthalten, die die Möglichkeiten der verbalen Sprache unterstützen, ergänzen und überschreiten. Im Rahmen von Medienprojekten können die eigenen Stärken erkundet und für sich selbst und andere sichtbar und wertschätzbar gemacht werden. Durch die Erstellung eines medialen Produktes können sich die erarbeiteten Erkenntnisse konkret manifestieren und einer Öffentlichkeit zugänglich gemacht werden. Bei der Entwicklung von Life Skills im Kontext von Medien können zwei Dimensionen unterschieden werden: das aktive Produzieren von Medienprodukten (aktive Medienarbeit) (z. B. ein Fotoprojekt durchführen) und das rezeptive Nutzen von Medien (z. B. einen Film schauen). Die folgende Tabelle zeigt für die genannten Dimensionen Aneignungspotenziale für Life Skills auf:

Life Skills	**Aktive Medienarbeit / aktive Mediennutzung**	**Rezeptive Mediennutzung / Reflexion über Mediennutzung**
Decision making		Mit Medien Informationen für Entscheidungsprozesse gewinnen (z. B. Berufswahlinformationen im Internet)
Problem solving		In Filmen stellvertretendes Handeln anderer erleben und Inspiration für das eigene Leben bekommen Im Internet Problemlösungsangebote recherchieren
Creative thinking	Über kreatives Arbeiten mit Medien die Kreativität fördern	Durch das Betrachten kreativer Medienprodukte (aus professionellen Kontexten, medienpädagogischen Zusammenhängen oder aus Social Media) selbst Inspirationen für kreativen Selbstausdruck bekommen
Critical thinking	Die eigenen Medienprodukte kritisch aus der Perspektive eines Publikums betrachten, das den Produktionsprozess nicht kennt (vgl. «imagining the audience» Buckingham & Harvey 2003) Mit eigenen Medienprodukten Kritik zum Ausdruck bringen (z. B. Kritik an gesellschaftlichen Verhältnissen)	Über Medienkritik eine generell reflexiv-kritische Haltung entwickeln Sich im Zusammenhang mit sozialen Vergleichen auf Social Media bewusst machen, dass Menschen immer nur die schönsten Seiten ihres Lebens auf Facebook posten Die eigene Mediennutzung kritisch betrachten Medienentwicklungen und Digitalisierungsprozesse kritisch betrachten

Effective communication	Medien als Ergänzung zu Face-to-Face-Kommunikation nutzen Sich anderen gegenüber ausdrücken mit Medien (z. B. SMS, WhatsApp, Emojis, E-Mails schreiben, telefonieren) Sich mit Bildern ausdrücken	
Interpersonal relationship skills	Über Medienkommunikation Nähe regulieren, aber auch Distanz Über Medien mit räumlich entfernten Freunden oder Verwandten in Kontakt bleiben	Durch das gemeinsame Betrachten und Besprechen von Medienprodukten Nähe und Gemeinsamkeit erfahren (Anschlusskommunikation)
Self-awareness	Durch Medienproduktionen Feedback über sich selbst gewinnen (z. B. Videofeedback eines Schulvortrags) Über Foto-Selbstportraits unterschiedliche Aspekte der Persönlichkeit explorieren	Sich im Spiegel von medialen Produkten selbst sehen (z. B. erlebt die Protagonistin eines Spielfilmes oder einer Serie ähnliche Herausforderungen wie der Betrachter selbst)
Empathy	Die Perspektive von anderen übernehmen lernen (z. B. in einem Kurzfilm jemand anderen spielen, z. B. einen alten Mann, eine geflüchtete Frau aus Afghanistan) Über Fotoprojekte Emotionen ausdrücken und lesen lernen	Mit Medien die eigene Perspektive relativieren und Empathie lernen (z. B. in einem Film die Lebenswelt eines Geflüchteten kennen lernen oder die Situation eines Menschen im Ukraine-Krieg) Über Medien Einblicke in andere Lebensweisen bekommen

Coping with emotions	In selbstproduzierten Medienproduktionen eigene Emotionen ausdrücken In fiktiven, selbstproduzierten Medienproduktionen die Bandbreite der eigenen möglichen Emotionalität kennen lernen	In Medienprodukten Emotionen lesen lernen Sich selbst und eigene Emotionen in einer Filmfigur wiedererkennen (z. B. Heidi) Über Mediennutzung Emotionen regulieren (Mood-Management), z. B. in traurigen Momenten die Musik hören, die einen tröstet (vgl. Schramm 2005) Sich bewusst machen, dass bestimmte Formen der Medienkommunikation damit arbeiten, Unzufriedenheit zu erzeugen oder Ängste zu aktivieren (z. B., um Produkte zu verkaufen oder politische Entscheidungen zu unterstützen)
Coping with stress	Durch Kommunikation mit anderen in Stress-Situationen Erleichterung erfahren (z. B. Telefonat mit Freund) Medienproduktion als Entspannung nutzen (z. B. spazieren gehen und fotografieren)	Über Medien Emotionen regulieren / Mood-Management mit Medien (z. B. Musik hören, wenn man wütend oder traurig ist) Sich bei der Medienrezeption bewusst machen, dass bestimmte Inhalte eine Bereicherung darstellen und andere auch ein Risiko bedeuten können Die eigene Mediennutzung in Hinblick auf Stressreduktion analysieren und ändern (z. B. Offline-Zeiten in den Alltag einbauen)

Projektideen

Projekte können die Aspekte Selbstwertgefühl und Life Skills direkt zum Thema haben (s. Projekttyp A in der Tabelle). Bei dieser Art von Projekten geht es darum, vorhandene Stärken sichtbar zu machen oder Kompetenzen grundlegend zu fördern oder weiterzuentwickeln.

Das Selbstwertgefühl kann jedoch auch indirekt durch die Erfahrung von Selbstwirksamkeit gestärkt werden (s. Projekttyp B in der Tabelle). Unabhängig vom konkreten Thema kann die Erstellung attraktiver Medienprodukte ein Gefühl von Stolz erzeugen. Besonders intensiv ist diese Erfahrung, wenn das Endprodukt einem Publikum zugänglich gemacht wird und Feedback gegeben wird (z. B. Applaus, mündliche Rückmeldungen, Einführung in eine Ausstellung, Laudatio für die Produzierenden).

Eine weitere Kategorie von Projekten (s. Projekttyp C in der Tabelle) reflektiert den Umgang mit Medien allgemein oder Mediennutzungsweisen, die potenziell das Selbstwertgefühl oder die Selbstbestimmung beeinträchtigen können.

Projekttyp	**Beispiel Fotografie**	**Beispiel Video**
A) Projekte, die Selbstwertgefühl und Life Skills direkt zum Thema machen	Fotoportrait mit dem ergänzten Satz «Ich finde mich gut, weil…» verbinden	Kompetenzvideo
B) Projekte ohne direkten thematischen Bezug zu Selbstwertgefühl und Life Skills, die das Gefühl der Selbstwirksamkeit stärken	Landart gestalten und fotografieren	Rückwärtsclip
C) Projekte, die Mediennutzung allgemein oder potenziell selbstwertschädigende Medienaktivitäten zum Thema machen	Soziale Vergleiche auf Social Media thematisieren	

Im Folgenden werden die Projektideen pragmatisch in drei Gruppen gegliedert: Fotografie, Film/Video sowie Reflexion *über* Medien bzw. Reflexion *mit* Medien.

Abb. 1: «Ich finde mich gut, weil…» (Schulprojekt)

Abb. 2: Vorlage Skill Star (Weidinger 2016, S. 41); links
Abb. 3: Umsetzungsbeispiel «My Skill Star» (Studentin); rechts

Fotografie

Ich finde mich gut, weil... (Stefan Caspari)

Ein Portraitbild wird kombiniert mit dem vervollständigten Satz «Ich finde mich gut, weil...».

Viele Menschen wissen sehr gut, was sie an sich ändern würden. Auch haben sie vielleicht von anderen oft gehört, worin sie sich verbessern müssten. Aber wissen sie auch, was sie gut an sich finden?

„My Skill Star" mit Foto

Diese Projektidee greift eine Aktivität aus dem Projekt «FACE – Families and Children in Education» auf: «My Skill Star». In die Mitte des Sterns wird ein Portrait-Foto geklebt. Es kann ein offizielles Passbild sein oder ein Selfie. Die sechs Strahlen des Sterns werden mit unterschiedlichen Dingen ausgefüllt, die man gut kann oder gerne macht (Weidinger 2016, S. 40/41). Diese können – je nach Zielgruppe – gemalt oder geschrieben werden. Auch beides ist möglich. Die Lieblingstätigkeit wird in das ovale Feld am unteren Rand gemalt oder geschrieben.

Am Ende tauschen die Teilnehmenden ihre Skill Stars aus und suchen nach Gemeinsamkeiten. Es kann auch mit Selfies gearbeitet werden (Holzwarth 2019).

Abb. 4: Ausstellung Skill Stars (Peter Holzwarth)

The best part of me (Wendy Ewald)

Das Projekt «The best part of me» (Ewald 2002) möchte bei Kindern und Jugendlichen eine positive Körperwahrnehmung fördern. Schon früh lernen junge Menschen, dass es in vielen gesellschaftlichen Kontexten auf gutes Aussehen ankommt und welche Körperteile mit welchen Produkten und Interventionen verbessert werden können. Dieser Tendenz defizit-orientierten Körperwahrnehmung soll mit diesem Projekt etwas entgegengesetzt werden.

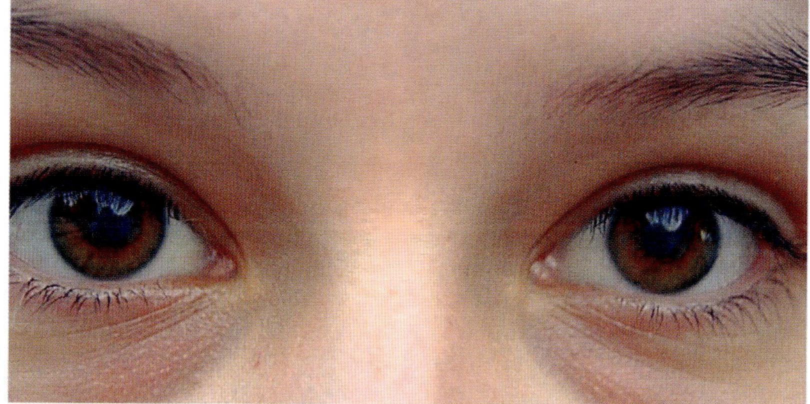

Abb. 5: Best part of me (Michelle Herder)

„Der beste Teil von mir"

Meine Hände

Ich liebe meine Hände, sie sind einer meiner Zugänge zur Welt. Mit ihnen kann ich die Beschaffenheit von Gegenständen fühlen und sogar ob ein Baum noch lebt. Ich kann zärtlich mit ihnen sein aber auch meine Wut ausdrücken. Ich arbeite viel mit Ihnen, vor allem im Garten. Ich kann mit ihnen gestikulieren, schreiben und trösten. Außerdem ermöglichen mir meine Hände zu spielen. Sie können trainiert werden und sind oft sehr feinfühlig. Mein Fingerabdruck ist zudem Beweis meiner Einzigartigkeit. Gerne begrüße ich mit meinen Händen – sei es durch Winken oder durch einen festen Händedruck. Sie sind für mich ein Zeichen für von Nähe und Freundschaft.

Abb. 6: «Der beste Teil von mir» (Marc Ehrmann)

Portraits ohne Fotografie

Ein grosses weisses Papier wird mit Klebestreifen an der Wand befestigt. Mithilfe einer starken Lampe, eines Beamers oder eines Tageslichtprojektors wird das Seitenprofil einer Person auf das Papier projiziert.

Eine andere Person zeichnet den Umriss des Kopfes nach. Augenbrauen, Nasenflügel, Mund, Ohren und Haare werden eingezeichnet. Unter das Bild werden Lieblingsaktivitäten und besondere Fähigkeiten geschrieben. Es besteht auch die Möglichkeit, Lieblingsaktivitäten und besondere Fähigkeiten so ins Bild zu schreiben, dass die Schrift wie Haare aussieht.

Akrostichon / Mesostichon mit Selfie (Morgenstern 2011)

Die Teilnehmenden schreiben ihren Namen so auf, dass die Buchstaben senkrecht untereinander angeordnet sind.

Dann schreiben sie positive Eigenschaften über sich selbst – jeweils mit den Anfangsbuchstaben ihren Namens (s. Beispiel, Abb 7).

Eine Variante kann darin bestehen, einen ganzen Satz pro Buchstaben zu schreiben (Weidinger 2014b, S. 13)

Wenn der Name nicht am Anfang, sondern in der Mitte gebildet wird, spricht man von einem Mesostichon. Ein Selfie oder Portraitfoto wird neben oder unter den Text platziert.

P oetisch
E mpathisch
T eamorientiert
E infallsreich
R eflektiert

Abb. 7: Beispiel Akrostichon (Peter Holzwarth)

Abb. 8: Beispiel Mesostichon (Peter Holzwarth)

My own magazine cover

Die Teilnehmenden setzen sich kritisch und kreativ mit Magazinen auseinander und produzieren ihre eigene Version eines Magazin-Covers.

Immer wieder schauen Menschen auf Frauen- und Männermagazine und vergleichen ihr eigenes Aussehen mit dem der Covermodels. Nicht nur die angebotenen Schönheitsideale bieten Stoff für Diskussionen, sondern auch die Themen (Mode, Makeup-Tipps, Flirt-Tipps, Frisuren, Abnehmen, Fitness, Waschbrettbauch, mehr Sex, besseren Sex, was Frauen/Männer wollen, Beziehungstipps etc.).

Vor der Produktion kann auch über Coverüberschriften diskutiert werden (z. B. Was fällt auf bei den Themen? Welches sind Gemeinsamkeiten und Unterschiede bei Themen für Frauen und Themen für Männer? Können die Versprechen erfüllt werden? Handelt es sich um sinnvolle Lebensziele? Was könnten alternative Themen/Ziele sein?)

Abb. 9: Original und Remake (Sarah Nigsch)

Hier eine Zusammenstellung von einigen Zitaten:

«Zack, super Selbstbewusstsein! 55 Blitz-Tricks für eine mega Ausstrahlung» (JOY)
«Heisser aussehen beim Sex. 5 Positionen für eine noch tollere Figur» (Shape)
«Harte Jungs» GQ
«Essen Sie sich schlank und schön» (Women's Health)
«Essen Sie sich stark, schlau, sexy!» (Men's Health)
«Grill dich schlank» (Men's Health)
«Tricks dich sexy» (Bravo)
«Schneller zum Six Pack» (Men's Health)
«Nackt super aussehen» (Women's Health)
«Sex-Schule: Dafür kriegen Sie die Note 1+» (Men's Health)
«101 Sex-Tricks, die jede Frau kennen sollte» (JOY)
«Fler, Bushido & Kay One. So kriegen wir jede rum!» (Bravo HipHop Special)
«So bekommst du einen Freund. Das Geheimnis der wirklich begehrten Girls.» (Girl!)
«Dress for more Sex» (Men's Health)
«In 3 Wochen zum Super PO» (Shape)
«9 get-rich secrets. Less work, more bank» (Men's Health)

Bieten diese Magazine das an, was die Leserinnen und Leser wollen oder haben wir uns nur an die Themen gewöhnt? Die Teilnehmenden bekommen unterschiedliche Magazine zur Verfügung gestellt (z. B. aus dem Altpapier). Sie wählen ein Magazin-Cover aus und machen ein Foto davon bzw. scannen es ein. Sie produzieren – analog oder digital – eine Version des Covers, auf dem ihr eigenes Bild als Cover und ihre eigenen Wunschthemen vorkommen. Das Original wird sowohl auf der Bildebene als auch auf der Textebene verändert. Man kann vom Original ausgehen und beispielsweise überkleben oder ein neues Cover aus Einzelelementen zusammenbauen. Die Coverüberschriften können abgeändert oder neu formuliert werden.

Möglich sind: analoge Collage mit Schere und Klebstoff, digitale Collage mit Word, PowerPoint oder digitale Collage mit Photoshop oder Gimp.

Die Teilnehmenden setzen sich kritisch mit den üblichen angebotenen Themen in Magazinen auseinander. Welche Themen würden sie sich für sich persönlich wünschen bzw. für Kinder und Jugendliche? Sind es andere Themen oder eine andere Art der Thematisierung?

Das Projekt kann auch im Sinne einer Medienkarikatur umgesetzt werden.

Am Ende werden Original und Remake zusammen ausgestellt bzw. präsentiert (Ausstellung oder Einzelpräsentationen).

Abb. 10: Karherine Young (https://womenyoushouldknow.net/appalled-graphic-designer-shows-girls-life-magazine-what-their-cover-should-look-like/)

Hinweis: In einem Meme aus dem Netz werden Frauenmagazine in Bezug auf ihre widersprüchlichen Themen kritisiert:

> "[Women's magazines]
> Page 14: Accept yourself as you are
> Page 15: How to loose 45kgs in 1 week
> Page 16: Best cake recipe"

Fotoprojekt «Botschaften aus der Kindheit» (vgl. Holzwarth 2016)

Die Teilnehmenden bekommen den Auftrag, Kinderfotos mitzubringen und diese im Sinne eines «tableau vivant» nachzustellen. Dabei ist wichtig, bewusst auf ähnliche Gesichtsausdrücke, Körperhaltungen, Kleidungsstücke, Gegenstände und Locations zu achten. Auf der Internetseite der argentinischen Fotokünstlerin Irina Werning (vgl. http://irinawerning.com/) kann man Inspirationen finden oder via Bildsuche mit den Stichworten «nachgestellte Kinderfotos» oder «childhood photos recreated».

Original und Remake werden in ein Word-Dokument eingefügt und mit einer Botschaft aus der Kindheit an die heutige Zeit bzw. das heutige Ich versehen.

Folgende Fragen können beim Formulieren einer Botschaft helfen:

- Welche Erinnerungen werden beim Betrachten des Kinderfotos wachgerufen? Was war es für eine Zeit? Wie war die Kindheit? Was war anders als heute? War etwas besser als heute? Ist heute etwas besser als damals?
- Welche wichtigen Dinge, die Kinder kennen oder können, werden oft vergessen, wenn man erwachsen ist?
- Welche besonderen Eigenschaften, die Kinder haben, kann man verlieren, wenn man erwachsen wird?
- Welche Eigenschaften meiner Kindheit hätte ich mir gerne bewahrt?

Die Ergebnisse werden ausgedruckt und im Raum aufgehängt oder am Beamer präsentiert.

Abb. 11: «Plüschtiere haben keine Altersbeschränkungen» (Safiyya Waldenburger)

Bildunterschriften (vgl. Holzwarth 2012, 2013)

Bilder sind oft mehrdeutig und je nach Bildunterschrift kann ein Bild anders gedeutet werden. Ein Beispiel macht dies deutlich (Museum für Kommunikation, Bern & Stiftung Haus der Geschichte der Bundesrepublik Deutschland 2007, 13):

Das Foto zeigt einen islamischen Geistlichen, der mit erhobenen Armen vor einem brennenden Gebäude steht. Das Foto wurde in zwei verschiedenen Kontexten publiziert und mit zwei sehr unterschiedlichen Bildunterschriften versehen:

- Kontext A: «Ein islamischer Geistlicher versucht die Menge zu beschwichtigen.»
- Kontext B: «Ein Geistlicher heizt die Stimmung aufgebrachter Gläubiger in der libanesischen Hauptstadt an.»

Einerseits können Bildunterschriften bei der Deutung hilfreich sein (raum-zeitliche Verortung, Namen von Personen, Kontexte), andererseits kann die rezipierende Person fehlgeleitet und getäuscht werden.

Viele Menschen machen sich die prinzipielle Mehrdeutigkeit des Bildes nicht klar. Bildern wird oft nach wie vor ein Beweischarakter zugeschrieben. In diesem Kontext ist eine scheinbare Objektivierung von Bedeutungen durch Bildunterschriften besonders riskant. Durch eine Bildunterschrift kann beispielsweise ein Foto aus Kriegskontext A einem Kriegskontext B zugeschrieben werden.

Die Teilnehmenden machen Fotos, recherchieren Fotos aus ihrem eigenen Bildarchiv oder aus dem Internet. Sie fügen das Bild zweimal in ein Word-Dokument ein und formulieren zwei unterschiedliche Bildunterschriften.

Endlich wieder sorgenfrei baden!

Schwerindustrie gefährdet die Wasserqualität – und damit Natur und Mensch.

Abb. 12: Beispiel Bildunterschriften (Peter Holzwarth)

Eine Variante besteht darin, dass Teilnehmende Selfies oder Portraits von sich selbst zweimal in ein Word-Dokument einfügen und sich unterschiedlich mit einer Bildunterschrift kommentieren (z. B. eine sehr selbstbewusste Aussage und eine selbstkritische Aussage).

Bei Teilnehmenden, die sich kennen, können auch wechselseitige Bildunterschriften gesammelt werden:

Person A fügt sich zweimal ein, formuliert eine Bildunterschrift selbst und bekommt eine weitere von einer anderen Person aus der Gruppe (Person B).

Person B fügt sich ebenfalls zweimal ein, formuliert auch eine Bildunterschrift selbst und bekommt eine weitere von Person A.

Bildnachbarschaften

Die Teilnehmenden kombinieren jeweils zwei Bilder, die durch ihre Nachbarschaft eine neue Bedeutung gewinnen, z. B. zwei kleine Säugetiere, die sich in Angriffshaltung gegenüberstehen und zwei Menschen, die sich in einer ähnlichen Kampfhaltung begegnen (vgl. Holzwarth 2013, S. 15 u. 16).

Lebensweisheiten in Text und Bild

Die Teilnehmenden reflektieren, welche Sprüche, Aphorismen, Lebesweisheiten oder Gedichte in ihrem Leben eine Beutung hatten oder haben. Es können selbst formulierte Sätze sein oder aber Sätze von anderen. Sie werden mit einem selbst gemachten Foto kombiniert.

Am Ende werden die fertigen Produkte ausgestellt und individuell präsentiert.

Eine Variante für die Auswertung kann darin bestehen, dass jedes Gruppenmitglied nach dem Zufallsprinzip die Arbeit eines anderen bekommt (ohne zu wissen, von wem sie stammt). Dann werden die Produkte nacheinander interpretiert und gewürdigt.

Abb. 13: Text-Bildkombination (Safa Khaterchi / Hana Abd El Wehed)

Abb. 14: Text-Bildkombination (Peter Holzwarth)

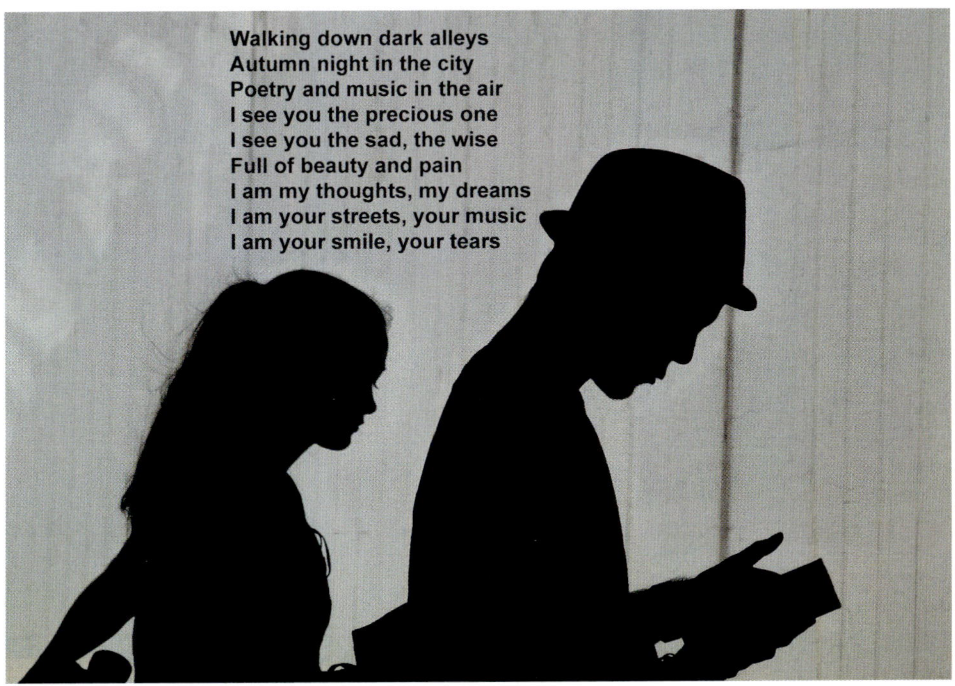

Fotogedicht «Vergnügungen»

«Glück findet sich in den kleinsten Dingen.»
(Jansen 2020, S. 8)

Ein Remake zum Gedicht «Vergnügungen» von Bertolt Brecht wird produziert und mit einem Foto kombiniert (Leis 2019, S. 130 u. 131; Holzwarth & Maurer 2014).

Abb. 15: «Vergnügung» (Schülerprojekt)

«Vergnügungen

Der erste Blick aus dem Fenster am Morgen
Das wiedergefundene Buch
Begeisterte Gesichter
Schnee, der Wechsel der Jahreszeiten
Die Zeitung
Der Hund
Die Dialektik
Duschen, Schwimmen
Alte Musik
Bequeme Schuhe
Begreifen
Neue Musik
Schreiben, Pflanzen
Reisen
Singen
Freundlich sein»
(Bertolt Brecht 1990, S. 1022)

Brecht zählt in seinem sprachlich sehr einfachen Gedicht alltägliche Dinge auf, die Vergnügen bereiten können, wie z. B. der erste Blick aus dem Fenster am Morgen oder das Wiederfinden eines alten Buchs. Das Verfassen eines Remakes hilft den Schreibenden, sich ihrer «Alltagsschätze» bewusst zu werden: Man braucht nicht auf das große Glück zu warten, weil der Alltag bereits sehr viele kleine Reichtümer enthält. Man muss sie nur entdecken und bewusst machen.

Fotogedichte «Felicità»

In ähnlicher Weise kann das bekannte italienische Lied «Felicità» von Al Bano und Romina Power als Remake angeeignet werden (Holzwarth 2017a).

Als Vorübung kann die Kreativitätsübung «ABC zum Thema Glück» gemacht werden (Morgenstern 2011, S. 63). Die Teilnehmenden schreiben «Das bedeutet Glück für mich» auf ein Blatt Papier und notieren senkrecht die Buchstaben des Alphabets – jeder Buchstabe bekommt eine Zeile. Zu möglichst jedem Buchstaben des Alphabets wird eine Glücksassoziation notiert (z. B. A – Allein für mich sein, B – Beziehung, …, G – Geruch von Kiefernbäumen am Meer, …, Z – Zeit haben). Es geht nicht darum, dass alles vollständig ausgefüllt ist. Wichtiger ist die Einstimmung auf das Thema Glück für das Fotogedicht.

Hinweis: Je nach Kontext kann das Konzept Glück auch kritisch betrachtet werden: Ist es möglicherweise zu individualistisch? Muss man nicht immer auch die gesellschaftlichen Strukturen thematisieren, die menschliche Zufriedenheit ermöglichen oder verunmöglichen? Kann eine sehr starke Konzentration auf das Glück, auch im Sinne von Wilhelm Schmid, zu einem «Glücksstress» führen (2012, S. 64)? Welche Vermarktungsinteressen stecken hinter dem Glücksimperativ? Fühlt sich der Mensch zu wenig glücklich, kann er gut zum Kauf von Produkten motiviert werden, die das Glück versprechen.

Der Wechsel von Höhen und Tiefen ist etwas sehr Normales. Manche Philosophen gehen davon aus, dass es den Kontrast und den Wechsel braucht, um Glück empfinden zu können. Vielleicht sollte der Mensch auch nach Zufriedenheit streben und Glück als besonderes Geschenk betrachten, wie im folgenden Zitat von Endo Anaconda (Andreas Flückiger) zum Ausdruck kommt:

> «Und kommen irgendwann zum Schluss, dass ‹Glück eine Momentaufnahme ist. Was zählt, ist Zufriedenheit.›»
> (Anaconda zit. nach Casalini 2022).

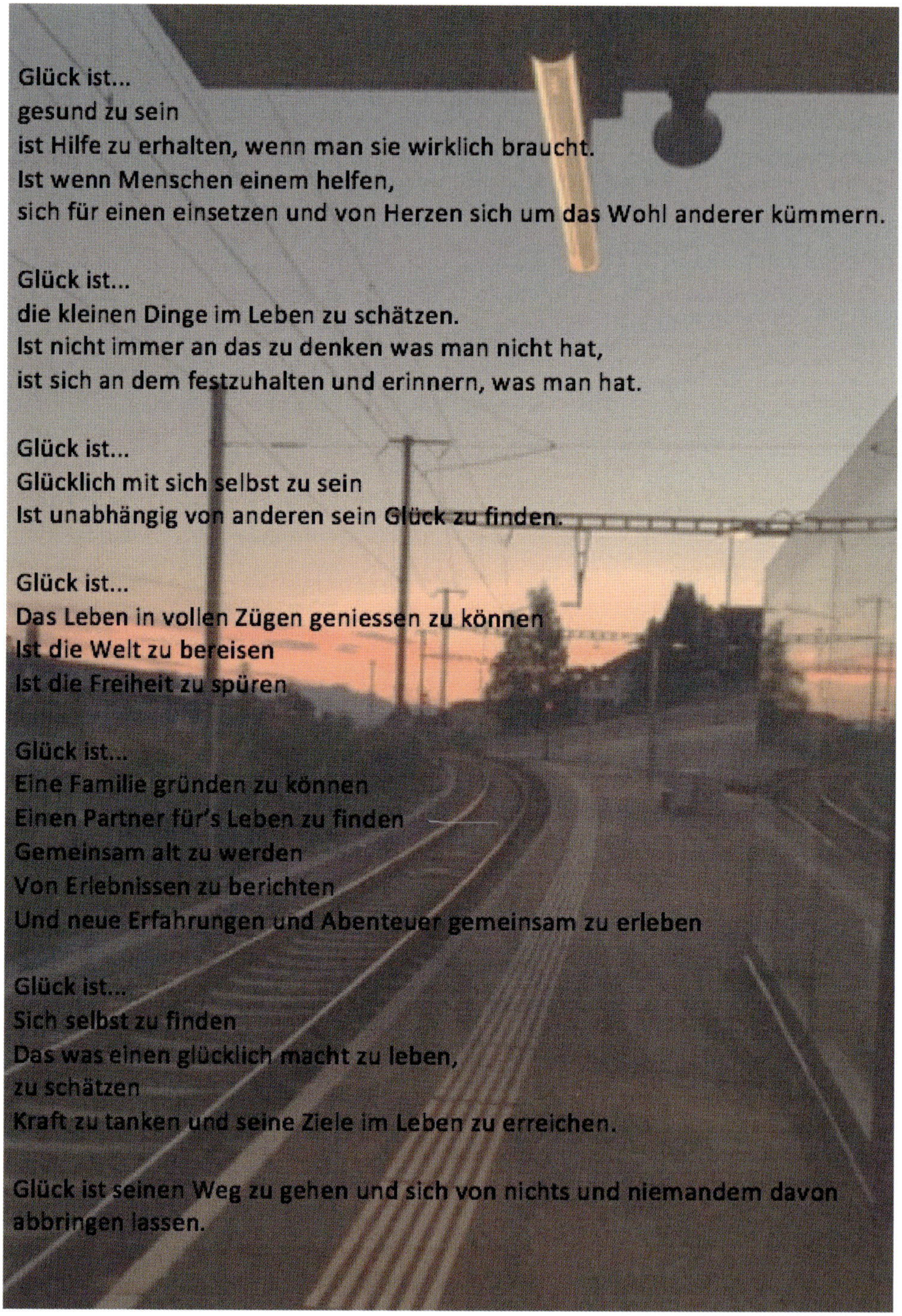

Glück ist...
gesund zu sein
ist Hilfe zu erhalten, wenn man sie wirklich braucht.
Ist wenn Menschen einem helfen,
sich für einen einsetzen und von Herzen sich um das Wohl anderer kümmern.

Glück ist...
die kleinen Dinge im Leben zu schätzen.
Ist nicht immer an das zu denken was man nicht hat,
ist sich an dem festzuhalten und erinnern, was man hat.

Glück ist...
Glücklich mit sich selbst zu sein
Ist unabhängig von anderen sein Glück zu finden.

Glück ist...
Das Leben in vollen Zügen geniessen zu können
Ist die Welt zu bereisen
Ist die Freiheit zu spüren

Glück ist...
Eine Familie gründen zu können
Einen Partner für's Leben zu finden
Gemeinsam alt zu werden
Von Erlebnissen zu berichten
Und neue Erfahrungen und Abenteuer gemeinsam zu erleben

Glück ist...
Sich selbst zu finden
Das was einen glücklich macht zu leben,
zu schätzen
Kraft zu tanken und seine Ziele im Leben zu erreichen.

Glück ist seinen Weg zu gehen und sich von nichts und niemandem davon abbringen lassen.

Abb. 16: «Glück ist...» (Romina Fliri)

Muster für die Textproduktion („xxx" wird durch eigenen Text ersetzt)

Das Glück ist
xxxxxxxxxxxxxxxxxxx
ist xxxxxxxxxxxxxxxxxxx
ist xxxxxxxxxxxxxxxxxxx
das ist das Glück

Refrain:
xxxxxxxxxxxxxxxxxxxxxxx
xxxxxxxxxxxxxxxxxxxxxxx
Xxxxxxxxxxxxxxxxxxxxxxx

Das Glück ist,
xxxxxxxxxxxxxxxxxxxx
ist xxxxxxxxxxxxxxxxxxxx
ist xxxxxxxxxxxxxxxxxxx
das ist das Glück.

Refrain:
xxxxxxxxxxxxxxxxxxxxxxx
xxxxxxxxxxxxxxxxxxxxxxx
Xxxxxxxxxxxxxxxxxxxxxxx

Das Glück ist,
xxxxxxxxxxxxxxxxxxxx
ist xxxxxxxxxxxxxxxxxxxx
ist xxxxxxxxxxxxxxxxxxxx
das ist das Glück.

Abb. 17: Muster (Peter Holzwarth)

Abb. 18: «Mein Stück Glück. Neu mit Mandeln.»: Kann man Glück kaufen? (Peter Holzwarth)

Fotogedicht «Pantun»

Ein Pantun ist eine Gedichtform, die auf einer bestimmten Wiederholung von Zeilen und auf schrittweiser Erweiterung beruht.

Man startet mit 4 Zeilen und überträgt diese gemäss Schema an die anderen Stellen, so dass es Wiederholungen gibt (s. unten). Man dichtet weiter die Zeilen 5 bis 8 und überträgt sukzessiv auf die entsprechenden Stellen.

Die Darstellung in Abbildung 19 visualisiert die Wiederholungsstruktur des Pantuns.

Abb. 19: Pantun-Struktur (Peter Holzwarth); links

Abb. 20: Beispiel Fotogedicht «Pantun» (Peter Holzwarth); rechts

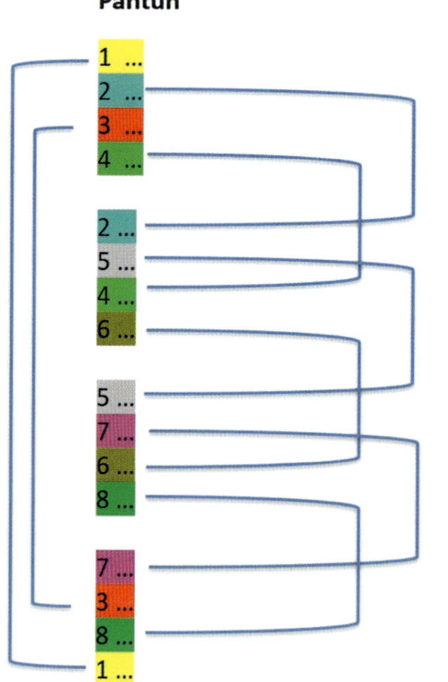

1 Glück im Gesicht
2 Im Takt in die Luft springen
3 Mit hochgerissenen Armen
4 Schweiss und Tränen auf der Haut

2 Im Takt in die Luft springen
5 Immer wieder Schmerz und Glück vereint
4 Schweiss und Tränen auf der Haut
6 Sich anschauen - anstrahlen

5 Immer wieder Schmerz und Glück vereint
7 Disko Partizani
6 Sich anschauen - anstrahlen
8 Sich total vergessen

7 Disko Partizani
3 Mit hochgerissenen Armen
8 Sich total vergessen
1 Glück im Gesicht

Fotogedicht «Rondell»

> «Poesie macht einem die schwierigen Zeiten erträglicher.
> Und Poesie macht die schönen Seiten noch schöner und strahlender.»
> Hein Rhyn, Pädagogische Hochschule Zürich, 23.9.2021
> (Übertragen aus dem Berndeutschen)

Die Gedichtform «Rondell» lebt von bestimmten Wiederholungen (vgl. https://wortwuchs.net/rondell/). Die Zeilen 1, 4 und 7 sind identisch und Zeile 2 ist gleich wie Zeile 8.

Ein Gedicht kann 8 Zeilen lang sein oder mehrere Strophen von 8 Zeilen hintereinander haben. Die Darstellung in Abbildung 21 visualisiert die Wiederholungsstruktur des «Rondells».

1 Wortfolge A
2 Wortfolge B
3 Wortfolge C
4 Wortfolge A
5 Wortfolge D
6 Wortfolge E
7 Wortfolge A
8 Wortfolge B

Ende eines Sommers

1 Lass Dich trösten
2 Von den Wolken
3 Und von dem Licht
4 Lass Dich trösten
5 Von den Blättern
6 Die nur für Dich ihre Farben tragen
7 Lass Dich trösten
8 Von den Wolken

1 Lass Dich trösten
2 Von den Gedanken
3 Die nach Dir suchen
4 Lass Dich trösten
5 Von der Musik
6 Die immer für Dich spielt
7 Lass Dich trösten
8 Von den Gedanken

1 Lass Dich trösten
2 Von den Regentropfen
3 Die Deine zarte Haut berühren
4 Lass Dich trösten
5 Und vom Wind
6 Der sich danach sehnt
7 Lass Dich trösten
8 Von den Regentropfen

Abb. 21: Struktur «Rondell»; links

Abb. 22: Beispiel Fotogedicht «Rondell» (Peter Holzwarth); rechts

Blackout Poetry

Aus einer bestehenden Textseite (z. B. Zeitungsartikel oder kopierte Buchseite) werden einzelne Wörter so herausgegriffen, dass sie ein eigenständiges Gedicht darstellen (vgl. https://writers.com/what-is-blackout-poetry-examples-and-inspiration).

Die nicht ausgewählten Wörter werden geschwärzt («Blackout») oder anderweitig visuell abgehoben. Das Endprodukt ist eine schwarze oder stark verdunkelte Seite, in der nur einzelne Wörter hell hervortreten.

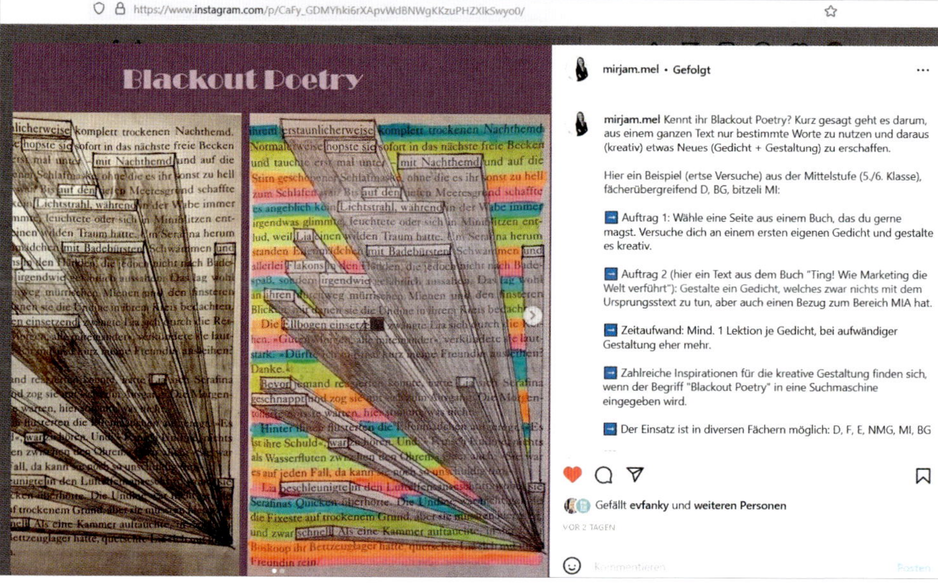

Abb 23: Beispiel «Blackout Poetry» (Mirjam Egloff, Instagram)

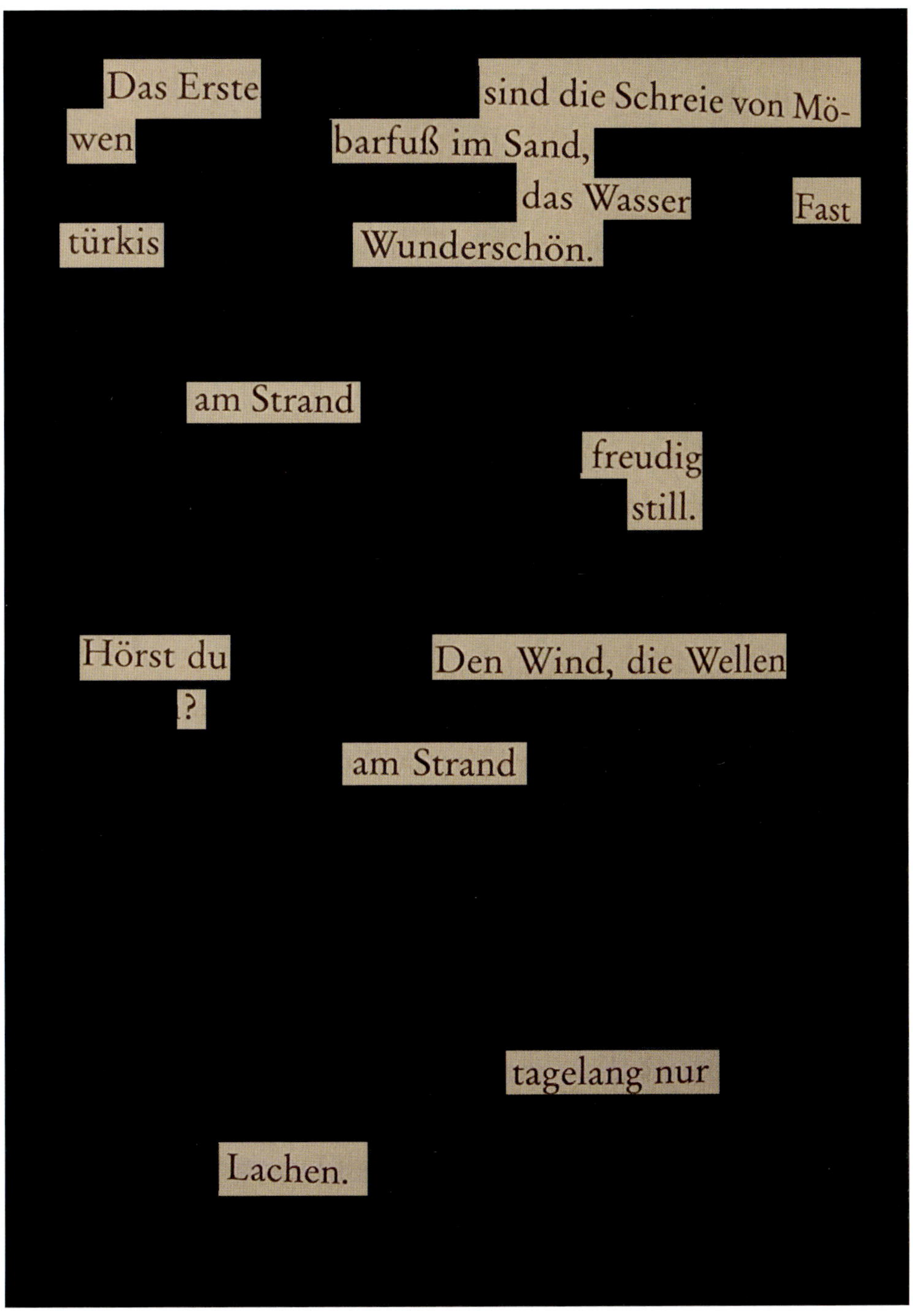

Abb. 24: Beispiel «Blackout Poetry» (Peter Holzwarth); Originaltext: S. 184 des Romans «Der Brand» von Daniela Krien (2021)

Einkaufszettelgedichte (Susann Körner)

«Lasst uns schöne Wörter auf Kassenbons entdecken und sie als Basis für einen Text nehmen.»
(Carina Grode (https://urbanwriting.de/kassenbon-poesie/))

«Irgendwann fing es an. Beim Überfliegen von Kassenbons entdeckte ich Worte, die aus einer eigenen Sprache zu kommen schienen. Ich begann, herumliegende Bons zu sammeln. Es entstand die Idee, so einzukaufen, dass ein Gedicht entsteht.»
(Susann Körner (https://www.susannkoerner.de/s_kassenbonsprache.php))

Die Teilnehmenden sammeln Einkaufszettel und erstellen daraus kleine Gedichte, indem sie einzelne Aspekte herausschneiden, neu arrangieren und gegebenenfalls auch durch eigene Wörter ergänzen.

Eine anspruchsvollere Variante besteht darin, einen Einkauf im Supermarkt so zu gestalten, dass bereits in der Reihenfolge des Ablegens von Objekten auf dem Laufband an der Kasse eine Gedichtstruktur entsteht.

«FELIX KABELJAU
VITAL UND FIT
CASTELLO BLAU
PIZZA KIT
JA! GOUDA MA
SPAGHETTI MIT EI
MONO 2ER JA
PIZZZA HAWAII»
(https://www.susannkoerner.de/s_kassenbonsprache.php)

«HAUSHALTSROLLE
WISH & WEG
VANILLE TRAUM
WISH & WEG
KRAEUTERTRAUM
WISH & WEG
WOELKCHENCREME
WISH & WEG
FRUECHTETRAUM
WISCHWUNDER 10ER»
(http://susannkoerner.de/s_kassenbonsprache.php)

Ein Ziel des Projekts kann darin bestehen, sprachliche Schönheit im Alltag zu finden (vgl. Körner 2009) und das Medium Supermarktkasse als Mittel der ästhetischen Textproduktion zu entdecken. Auch das Spiel mit dem Zufall und die Dadaismus-Bewegung können thematisiert werden.

«Wenn ich das Leben noch einmal leben könnte...»

Die erwachsenen Teilnehmenden bekommen den Auftrag, sich vorzustellen, am Ende des Lebens zurückzublicken und sich zu fragen, ob sie etwas anders machen würden, wenn sie ihr Leben noch einmal leben könnten. Dadurch dass die Teilnehmenden noch nicht in der letzten Lebensphase sind, kann die Schreib- und Reflexionserfahrung Anstösse für ihre noch verbleibende Lebenszeit geben.

Der Text kann mit einem Foto kombiniert werden oder für sich stehen.

Hier ein Beispieltext:

> «Wenn ich das Leben noch einmal leben könnte, würde ich mir erlauben, mehr Fehler zu machen. Ich würde mich entspannen, ich würde die Dinge lockerer angehen. Ich würde alberner sein als bei dieser Reise. Ich würde weniger Dinge ernst nehmen. Ich würde mehr Chancen ergreifen. Ich würde mehr Berge besteigen, öfter in Flüssen schwimmen und mehr Sonnenuntergänge anschauen. Ich würde mehr Eis und weniger Spinat essen. Vielleicht hätte ich dann mehr wirkliche Probleme, aber dafür weniger eingebildete.
> Weisst du, ich bin jemand, die vernünftig lebt, Stunde um Stunde, Tag um Tag. Oh ja, auch ich hatte meine Momente und wenn ich noch einmal von vorne anfangen könnte, würde ich dafür sorgen, dass ich mehr davon hätte. Genau genommen, würde ich versuchen, nichts anderes zu haben. Einfach nur Augenblicke, einen nach dem anderen, anstatt ein Leben lang immer auf die Zukunft zu warten.
> Wenn ich mein Leben noch einmal leben könnte, würde ich im Frühling früher anfangen, barfuss zu gehen, und im Herbst würde ich später damit aufhören. Ich würde öfter tanzen gehen. Ich würde öfter Karussell fahren. Ich würde mehr Gänseblümchen pflücken. Wenn du dich andauernd nur schindest, vergisst du sehr bald, dass es so wunderbare Dinge gibt wie zum Beispiel einen Bach, der Geschichten erzählt und Vögel, die singen.»
>
> Nadine Stair (vgl. Canfield et al. 2020, S. 363-364)

Was mein Leben reicher macht

«Beim Schwimmen im kühlen Badsee untertauchen und das eigene Herz schlagen hören.
Anita Chasiotis, Osnabrück» (Lechner 2012, S. 63)

«Was mein Leben reicher macht» ist der Titel eines Buches, in dem Beiträge von Lesenden aus einer Kolumne der Wochenzeitung ‚DIE ZEIT' zusammengetragen wurden (Lechner 2012). In Anlehnung an diese Serie werden die Teilnehmenden gebeten aufzuschreiben, was ihr Leben reicher macht und den Text mit einem Bild zu kombinieren. Es muss sich dabei nicht um eine exakte Visualisierung des Geschriebenen handeln. Auch abstrakte Bilder können eine Rolle spielen.

Meine Lieblingsbücher – meine Werte (vgl. Schneider 2018, S. 32 f.)

Die Teilnehmenden arrangieren ihre Lieblingsbücher und machen ein Foto der Anordnung. Falls Lieblingsbücher nicht physisch vorhanden sind, kann auch eine digitale Collage aus Buchcovern (Internetsuche) produziert werden.

Sie integrieren das Foto in ein Dokument und schreiben ihre Gedanken daneben.

Aus folgenden Fragen können Reflexionsimpulse gewählt werden:

- Welche Themen beinhalten meine Lieblingsbücher?
- Gibt es wiederkehrende Themen?
- Welche Werte kommen zum Ausdruck?
- In welchem Alter hatte das Buch eine Bedeutung für mich?
- War das das Buch bedeutsam bei eigenen Lebensthemen?
- Wer hat mir das jeweilige Buch geschenkt, ausgeliehen oder empfohlen?
- Zu welchem der Bücher gibt es Verfilmungen? Wie stehe ich zu den Verfilmungen?
- Was ist meine Lieblingsstelle im Buch?
- Gibt es Bücher, die ich mehrmals gelesen habe?
- Unterscheiden sich Erstlektüre und «Relektüren»? (vgl. Heraklit: «Man kann nicht zweimal in denselben Fluss steigen.»)
- Was genau fasziniert mich an dem Buch (Handlung, Stimmung, Nähe zu meiner Person, Distanz zu meiner Person)?
- Will ich mich als Leserin/Leser im Buch spiegeln oder finden oder suche ich in einem Buch eine ganz andere Welt?

Die Bild-Text-Kombinationen können innerhalb der Gruppe geteilt bzw. ausgetauscht werden.

Abb. 25: Auslegeordnung Lieblingsbücher (Peter Holzwarth)

«Das schönste, was Füsse tun können, ist...»

Die Teilnehmenden fotografieren ihre Füsse, laden das Bild auf den Computer und schreiben auf oder neben das Foto, was ihre Füsse alles können und was das Schönste ist (vgl. Weidinger 2014a, S. 40).

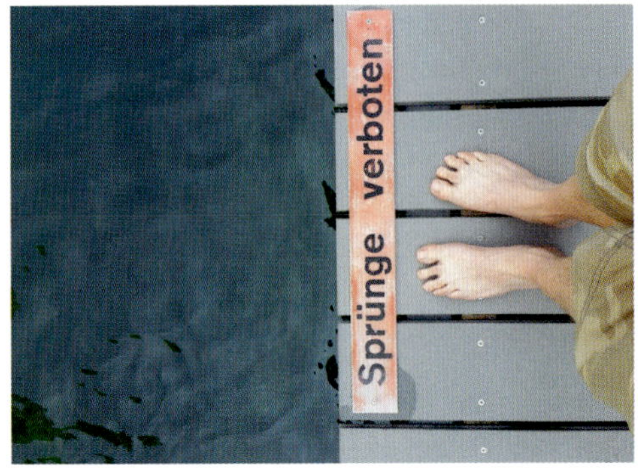

Abb. 26: «Das schönste, was Füsse tun können, ist Springen» (Peter Holzwarth)

«Das schönste, was Hände tun können, ist...»

Die Teilnehmenden fotografieren gegenseitig ihre Hände, laden das Bild auf den Computer und schreiben auf oder neben das Foto zehn Dinge, die ihre Hände alles können und was das Schönste ist.

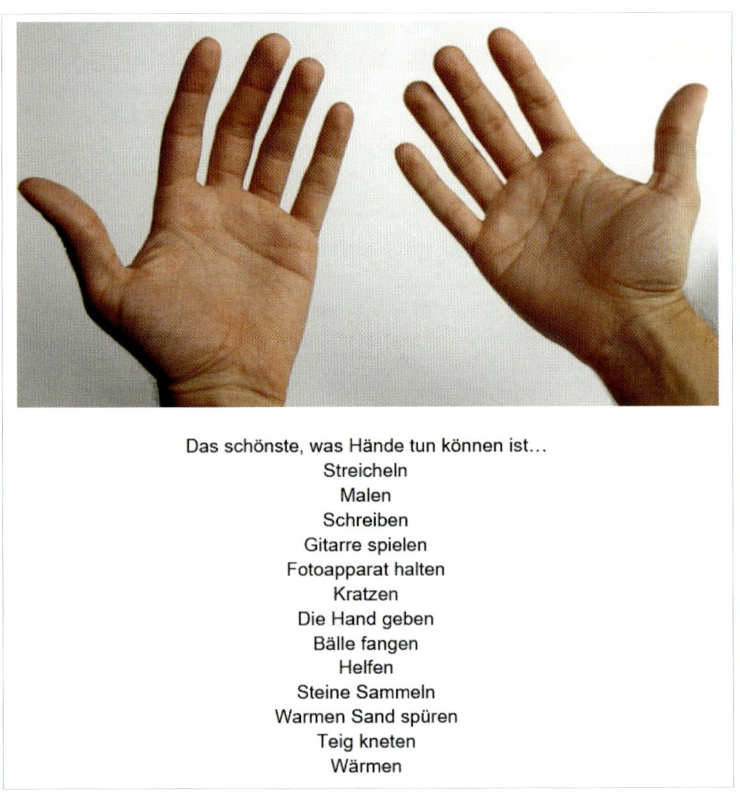

Abb. 27: «Das schönste, was Hände tun können, ist...» (Peter Holzwarth)

Memes

Memes sind im Internet kursierende Medieninhalte – meistens Bilder, die mit kurzem Text versehen sind. Sie sind humoristisch, kritisch oder parodierend. In der Regel handelt es sich um eine fotografische Abbildung, die am oberen und unteren Bildrand mit kurzem Text versehen ist. Die Schrift ist häufig in Grossbuchstaben, serifenlos, in weisser Farbe mit schwarzem Rand (z. B. Impact).

Über eine Bildsuche mit dem Stichwort Meme kann man sich einen Eindruck verschaffen.

Memes aus dem Internet können als Inspiration für die eigene Bild-Text-Produktion genutzt werden. Ein eigenes Foto wird mit einem selbst produzierten Text versehen.

Hinweis: In Photoshop kann der Rand folgendermassen gemacht werden: Die betreffende Schriftebene im Ebenenfenster anklicken, unten bei *fx* klicken (Menü geht auf), *Kontur* anwählen und die Breite des Randes eingeben.
Es kann auch mit Word, PowerPoint, Gimp oder anderen Programmen gearbeitet werden.

Abb. 28: Beispiel Meme (Peter Holzwarth)

Selbstsorge im Alltag: Eine Self-Care-Liste gestalten mit Text und Bild

«Der erste Schritt, um für andere gut sorgen zu können, ist für sich selbst gut zu sorgen.»
(Marshall Rosenberg)

«Saying no can be the best form of self-care.»
(Spruch)

«From the idea that the self is not given to us, I think there is only one practical consequence: we have to create ourselves as a work of art.»
(Foucault 1997, S. 262)

Selbstsorge (Michel Foucault), Selbstliebe, Self-Care, Selbstfreundschaft, Philosophie der Lebenskunst (Wilhelm Schmid), Umgang mit Stress (vgl. Holzwarth 2019), Achtsamkeit... viele Begriffe und Konzepte verweisen darauf, dass es wichtig ist, ein gutes Verhältnis zu sich selbst und zum eigenen Körper zu entwickeln und zu leben. Die Teilnehmenden diskutieren in Zweiergruppen zu folgenden Fragen:

- Was tut mir gut im Alltag?
- Was gibt mir Energie?
- Wie kann ich mich selbst wertschätzend behandeln?
- Wie kann ich Stress und Belastung vermeiden?

Als Anregung können die Bereiche *Gesundheit*, *Emotionen*, *Inspiration*, *soziale Beziehungen* und *Spiritualität* genannt werden.

Um sich im Alltag immer wieder an Selbstsorge zu erinnern, gestalten die Teilnehmenden eine individuelle Liste mit etwa zehn Aspekten und kombinieren sie mit Fotos, die sie selbst gemacht haben. Die Fotos können aus dem persönlichen Bilcharchiv stammen oder neu für das Projekt gemacht werden.

Am Ende werden die unterschiedlichen Arbeiten in der Gruppe geteilt und vorgestellt. Die Teilnehmenden können sich gegenseitig inspirieren lassen.

Die Liste kann an einer gut sichtbaren Stelle an die Wand gehängt oder als Buchzeichen genutzt werden.

Bei diesem Thema ist es wichtig, den sozialen Zusammenhang nicht zu vergessen und auch die gesellschaftlichen Verhältnisse (z. B. Arbeitsbedingungen, Formen sozialer Ungleichheit). Es muss immer auch danach gefragt werden, ob dem jeweiligen Menschen genügend Ressourcen für Selbstsorge zur Verfügung stehen und ob ihm ausreichend Kompetenzen vermittelt worden sind. Es ist zu bedenken: Ein Mensch, der sich selbst nicht gut versorgen kann, wird auch anderen Menschen nicht gut helfen können. Im Flugzeug wird vor dem Start bei den Sicherheitsinstruktionen kommuniziert: «Please put the oxygen mask on your own mouth and nose area first, before you help other passengers.»

Abb. 29: Beispiel Self-Care-Liste (Peter Holzwarth)

Hinweis: Das Projekt kann auch spezifisch auf medienbezogene Aspekte von Selbstsorge ausgerichtet werden, z. B. mit einer Person telefonieren, die einem gut tut, ein Buch lesen, das einen inspiriert, Fotos anschauen, die wertvolle Erinnerungen wachrufen, selbst gemachte Fotos ausdrucken und aufhängen, Musik hören, die einen entspannt, Fotos machen, die die eigenen Gefühle zum Ausdruck bringen, ein Audiofile hören, das zu Yogaübungen anleitet, Tagebuch schreiben etc.

Dem folgenden Zitat von Jeannine Mik können weitere Inspirationen entnommen werden:

> «Atme tief ein und wieder aus.
> Zünde deine liebste Duftkerze an.
> Nimm ein Bad.
> Schau dir deinen Lieblingsfilm an.
> Schalt' das Handy für eine kurze Weile aus. Oder auch länger.
> Geh an der frischen Luft spazieren.
> Wärme deinen liebsten Pyjama am Heizkörper vor und kuschle dich abends hinein.
> Mach dein Bett.
> Trag dein liebstes Parfum.
> Schreib einen Liebesbrief an dich selbst.
> Bereite deine Lieblingsspeise zu.
> Leg dich ins Gras und beobachte die Wolken am Himmel.
> Kauf dir Blumen.
> Führe Tagebuch.
> Tu etwas das erste Mal.
> Mach Schokofondue nur für dich.
> Gönn dir ein Glas Wein.
> Bleib stehen, sieh dich um, atme.
> Ruf jemanden an, den du liebst.
> Mach ein Nickerchen.
> Probier ein neues Rezept aus.
> Verbring Zeit in der Sonne.
> Schreib eine Liste an Dingen, die du liebst.
> Triff eine Freundin zum Mittagessen.
> Starte mit ein paar positiven Affirmationen in den Tag.
> Verzichte mal auf deinen BH. Und dann gleich nochmal.
> Mach Yoga.
> Nimm eine Mahlzeit ganz bewusst zu dir.
> Mach dir eine Tasse Tee und genieße jeden Schluck.
> Denk darüber nach, was dir besonders viel Spaß macht.
> Tu nichts, was du nicht möchtest.
> Hab kein schlechtes Gewissen, wenn du mal einen Termin absagst.
> Besuche deinen Lieblingsort.
> Mach 5 Minuten lang nichts.
> Schreibe jeden Abend einen positiven Gedanken nieder.
> Declutter deinen Kleiderschrank und behalte nur, was du gerne anziehst.

Finde in der Sekunde etwas, wofür du dankbar bist.
Gönn dir etwas Süßes.
Tanze durch die Wohnung. Einfach so.
Trinke ausreichend Wasser.
Erstelle eine Playlist mit deinen Lieblingsliedern.
Binge-watche deine liebste Fernsehserie.
Mach jemandem ein Kompliment.
Gönn dir ein warmes Fußbad mit ätherischen Ölen und Murmeln.
Lächle zwei Minuten lang, das hebt die Stimmung.»
(Jeannine Mik, https://www.mini-and-me.com/self-care-45-impulse-fuer-mehr-selbstliebe-und-achtsamkeit-im-umgang-mit-dir-selbst/)

Gemischte Gefühle

«Aber wenn du in deiner Angst nur die Ruhe und die Lust der Liebe suchst,
dann ist es besser für dich, deine Nacktheit zu bedecken
und vom Dreschboden der Liebe zu gehen.
In die Welt ohne Jahreszeiten,
wo du lachen wirst, aber nicht dein ganzes Lachen,
und weinen, aber nicht all deine Tränen.»
(Khalil Gibran: Von der Liebe. Der Prophet 1995, S. 14)

«Neues Wort. Mischung aus Euphorie und Melancholie. (...)
‹Es sollte echt ein Wort für dieses Gefühl geben›, sagte sie. ‹So was wie Euphancholie. Einerseits zerreißt's dich vor Glück, gleichzeitig bist du schwermütig, weil du weißt, dass du was verlierst oder dieser Augenblick mal vorbei sein wird. Dass alles mal vorbei sein wird.›»
(Benedict Wells: Hard Land 2021, S. 98 u. 99)

«Positive und negative Gefühle kann ich unterscheiden, doch es gibt ja vieles dazwischen.»
Sara Jonah Utopia im Interview mit Mara Rickli (Rickli 2021)

Oft erleben Menschen Gefühle in reiner Form, z. B. pure Freude oder pure Angst. Manchmal treten Gefühle jedoch in Mischformen auf, was schwerer zu deuten und zu kommunizieren ist. Auch für andere sind gemischte Gefühle schwerer zu verstehen.

Ziel dieser Aktivität ist, sich bewusst zu machen, dass jedes Individuum ein ganzes Spektrum an Emotionen erlebt und dass manchmal auch gemischte Gefühle auftreten (z. B. ein Wechsel auf eine weiterführende Schule kann Stolz und Vorfreude auslösen, aber auch das Gefühl des Verlustes von Freunden oder liebgewonnenen Sicherheiten; ein werdender Vater empfindet Stolz und Vorfreude, aber gleichzeitig auch Ängste in Bezug auf finanzielle Verantwortung).

Auch das bessere Akzeptieren von gesellschaftlich unbeliebten Gefühlen kann ein Ziel sein (z. B. Traurigkeit, Neid, Eifersucht, Hass).

Lässt der Mensch unbeliebte Gefühle wie Angst, Wut oder Traurigkeit zu, können sie auch als Information, Warnung oder Hinweis dienen (z. B: Ich sollte mich wieder mehr um meine Bedürfnisse kümmern. Ich sollte mehr auf meine innere Ausgeglichenheit achten. Ich sollte mir mehr Zeit für mich nehmen oder ich sollte vielleicht weniger mit dieser Person zu tun haben). Negativ erlebte Gefühle dienen auch als Kontrasterfahrung für positiv konnotierte Gefühle.

Abb. 30: Nicht nur «gute» Gefühle sollten willkommen sein. (Peter Holzwarth)

Die Teilnehmenden machen Collagen aus Fotos, die unterschiedliche Gefühle ausdrücken. Dies können Selbstportraits/Selfies sein oder Bilder, die Gefühle ausdrücken bzw. symbolisieren (z. B. ein welkes Blatt für Energielosigkeit, ein Baum für Sicherheit und Stärke, eine verregnete Fensterscheibe für Traurigkeit, eine Pflanze mit Blüten und Dornen für die Ambivalenz der Liebe).

Die Teilnehmenden präsentieren ihre Collagen und werden sich beim Erzählen ihrer emotionalen Vielfalt bewusster und auch der potenziellen Gemischtheit ihrer Gefühle.

Je nach Kontext kann ein Schreibimpuls angeschlossen werden:
«Ich fühle… aber auch…»
«Ich will… aber auch…»
«Ich brauche… aber auch…»

Ein ähnliches Projekt wird im Buch «Fotosprache» beschrieben (Borgnini & Crivelli 2003, S. 35): Dabei werden ambivalente Gefühle mit bereits vorhandenen Fotografien und sprachlichen Kommentaren ausgedrückt.

Portrait mit Schrift auf der Haut

Ein Portrait wird mit Schrift kombiniert. Der Text kann im Nachhinein auf das ausgedruckte Portrait geschrieben werden oder vor dem Fotografieren auf die Haut. Das Thema ist frei wählbar.

Beispiele der Künstlerinnen Shirin Neshat (Iran) und Wendy Ewald (USA) lassen sich im Internet recherchieren.

Steve Rosenfield präsentiert Portraits von Menschen, die ihr Lebensthema bzw. ihre Unsicherheiten selbstbewusst auf die Haut geschrieben haben, z. B. Mehrfachzugehörigkeit und fehlende Anerkennung «You're not really Indian, you're not really american» (http://whatibeproject.com/).

Abb. 31: Beispiel Portrait mit Schrift auf der Haut (Wendy Ewald)

Abb. 32: Beispiel Portrait mit Schrift auf der Haut (Seyran Sarikaya)

Abb. 33: Beispiel Portrait mit Schrift auf der Haut (Wanda Lelle)

Abb. 34: Beispiel Portrait mit Schrift auf der Haut (Peter Holzwarth)

Er beschreibt sein Projekt folgendermassen:

> «While, for years, I tried to formulate a plan, the project physically started in 2010 when I was talking with a friend of mine about an idea on sharing peoples insecurities without literally showing them and how I could possibly turn it into an empowering photography project. I decided that night that I wanted to photograph my friend with her insecurity written somewhere on her face or hands as a way to boldly displaying her greatest insecurity on her skin and fearlessly stare into the lens for a powerful headshot. I wrote ‹thunder thighs› on Amanda's hand, alongside the photograph she came up with the statement, ‹I am not my body image.› And thus, the ‹What I Be› project was made» (http://whatibeproject.com/pages/project-info/).

Innere Monologe zu Bildern schreiben (Erik Altorfer)

Als Schreibimpuls bekommen die Teilnehmenden alle dasselbe Bild mit einer Person gezeigt. Sie schreiben einen inneren Monolog aus der Perspektive dieser Person.

Am Ende werden die verschiedenen Versionen vorgelesen und es gibt eine Diskussion über die Gemeinsamkeiten und Unterschiede.

Eine Variante könnte darin bestehen, dass alle Gruppenmitglieder ein Bild von sich mitbringen (ein Bild von sich selbst oder ein Bild, das sie selbst gemacht haben). Ein Foto wird per Zufall ausgewählt und alle Teilnehmenden schreiben einen inneren Monolog dazu – auch die Person, deren Bild gezogen wurde.

Heldinnen und Helden aus der Kindheit

Heldinnen und Helden aus der Kindheit, Jugendzeit oder auch aus dem Erwachsenenalter können auf wichtige Lebensthemen und Bedürfnisse verweisen (z. B. nach Autonomie (Pippi Langstrumpf), nach Mut und Macht (Supergirl, Superman), nach Wehrhaftigkeit (Robin Hood), nach sozialer Eingebundenheit (Heidi), nach Grenzüberschreitung (Harry Potter), nach Anerkennung trotz Fehler (Bart Simpson)).

Bei diesem Projekt bringen die Teilnehmenden ihre Heldinnen und Helden von früher oder heute zum Denken oder Sprechen.

Die Heldinnen- oder Heldenfigur – gezeichnet oder digital – wird mit Sprech- oder Denkblasen versehen. So wird bewusst gemacht, was einem an der Figur wichtig war bzw. ist. Die Botschaft kann auch direkt an die Macherin bzw. den Macher formuliert werden.

Abb. 35: Beispiel Heldinnen und Helden aus der Kindheit: Kim Possible (Studentin)

Abb. 36: Beispiel Heldinnen und Helden aus der Kindheit: Harry Potter (Julia Vetter)

Spielfiguren im Raum inszenieren

Spielfiguren (z. B. Legofigur, Roboter, Spieltier, Barbie, Playmobil) werden in der Natur oder in der Stadt inszeniert. Durch das Experimentieren mit verschiedenen Perspektiven (z. B. Kamera nah am Boden) und durch Interaktion mit der Umgebung wird versucht, der Figur ein Eigenleben zu geben.

«Kleine Leute in der grossen Stadt» (Slinkachu 2009) ist eine Publikation, die Inspirationen geben kann.

Abb. 37: Beispiel Spielfiguren im Raum inszenieren (Peter Holzwarth)

«Portrait mit Lieblingsobjekt vor schwarzem Hintergrund» (Borgnini & Crivelli 2003, S. 51)

Die Teilnehmenden werden gebeten, ihr Lieblingsobjekt mitzubringen und sich gegenseitig fotografieren zu lassen.

Möglicherweise ist das Objekt besonders wertvoll, vielleicht hat es einen ideellen Wert, vielleicht erinnert es an eine bestimmte Person, ein Land oder eine Zeit.

Je nach Zielgruppe können die entstandenen Fotos mit einem Text kombiniert werden, in dem die Geschichte des Lieblingsobjektes bzw. die persönliche Bedeutung erzählt wird.

Wunschberufe fotografieren

Die Teilnehmenden überlegen sich, welche Wunschberufe sie früher hatten und aktuell haben (vgl. Holzwarth & Scheuble 2017; Hermann & Holzwarth 2009, S. 164-165). Sie fotografieren ihre Wunschberufe auf unterschiedliche Art und Weise:

- Dokumentarische Fotografie: Personen, die den Beruf ausüben, fragen, ob man sie fotografieren darf
- Selbstinszenierung: Sich selbst im Beruf inszenieren und fotografieren lassen
- Symbolische Fotografie: Etwas fotografieren, das den Beruf symbolisiert
- Auseinandersetzung mit Kindheitsbildern: Fotos aus der Kindheit abfotografieren, die etwas über frühere Wunschberufe aussagen

Am Ende werden die Fotos in der Gruppe präsentiert und kommentiert (z. B. im Rahmen einer PowertPoint-Präsentation). Die anderen Teilnehmenden haben die Möglichkeit, Feedback zu geben und Fragen zu stellen).

Emotionen lesen – Emotionen ausdrücken

«Internationale Studien haben gezeigt, dass Kinder – wenn sie von früh auf gewöhnt sind, Emotionen zu erkennen und auszudrücken – später bessere Strategien aufweisen, um mit emotionalen Krisen umzugehen und so besser fürs Leben gerüstet sind.»
SRF DOK-Film «Die Macht der Emotionen: Wie Forschende unsere Gefühle entschlüsseln»
Einstein, SRF, 20.5.2021

Oft können Menschen ihre eigenen Gefühle und die anderer nicht gut deuten: Bin ich hungrig oder wütend? Ist der andere traurig oder müde? (Die Wortschöpfung «hangry» (hungry und angry) deutet darauf hin, dass Gefühle manchmal komplex miteinander verbunden sind.) Schule ist noch viel zu wenig ein Ort, an dem das Wahrnehmen von fremden und eigenen Gefühlen sowie der Ausdruck und die Veränderung von Emotionen gelernt werden können. (Mit «Schulfach Glück» verfolgen Fritz-Schuber u. a. (2010) den Ansatz, grundlegende menschliche Aspekte wie Glück in schulischen Kontexten zum Thema zu machen.)

Fotografie kann den Umgang mit eigenen und fremden Emotionen unterstützen. Die Kenntnis eigener Gefühlsvariationen kann die Kommunikation über Gefühle erleichtern. Wenn man weiss, wie sich eine andere Person fühlt, können auch mögliche Fehlinterpretationen, Missverständnisse und Konflikte verhindert werden. Auch die Regulation von Emotionen – mit und ohne Medien – ist ein lohnendes Lernfeld.

Projektideen:

Texte zu Portraits schreiben
Die Teilnehmenden bekommen Fotos mit Gesichtern vorgelegt, die Emotionen ausdrücken. Sie schreiben einen kurzen Text zu ihrem jeweiligen Foto, der zur jeweiligen Emotion Bezug nimmt (vgl. Gürber & Hermann 2006).

Grundemotionen visualisieren
Teilnehmende bekommen die Begriffe *Freude, Trauer, Wut, Angst, Ekel* und *Überraschung* zu lesen.
Variante 1: Die Teilnehmenden zeichnen zu den Emotionen Smileys.
Variante 2: Die Teilnehmenden zeichnen zu den Emotionen Gesichter.
Variante 3: Die Teilnehmenden zeichnen zu den Emotionen Selbstportraits.
Variante 4: Die Teilnehmenden machen zu den Emotionen Selfies.

Emotionen vor dem Spiegel explorieren
Die Teilnehmenden können vor dem Spiegel die Grundemotionen ausdrücken und wahrnehmen, wie sie wirken.

Abb. 38: Emotionen-Collage «Freude» (Virna Talarico)

Abb. 39: Emotionen-Collage «Wut» (Virna Talarico)

Abb. 40: Emotionen-Collage «Angst» (Virna Talarico)

Abb. 41: Emotionen-Collage «Trauer» (Virna Talarico)

Abb. 42: Feedback mit Spiegel (Peter Holzwarth, Projekt CHICAM)

Emotionen ausdrücken und lesen

Die Teilnehmenden kommen zu zweit zusammen. Sie drücken wechselseitig Emotionen aus und benennen die Emotion, die zum Ausdruck gebracht wird.

Die Übungen können auf den Gesichtsausdruck beschränkt werden, man kann aber auch den ganzen Körper einbeziehen.

Hinweis: Im Alltag werden die Begriffe *Emotion* und *Gefühl* oft synonym verwendet. Genau genommen bezieht sich Emotion mehr auf die objektivierbaren Aspekte wie Mimik oder Veränderung der Durchblutung oder Herzfrequenz, Gefühl dagegen auf die subjektive Wahrnehmung einer Person.

Emotionen-Selfies

Das Besondere an Selfies besteht darin, dass man den Gesichtsausdruck im Moment des Fotografierens kontrollieren kann.

Die Teilnehmenden produzieren eine Selfie-Serie, die eine grosse Bandbreite an Emotionen zum Ausdruck bringt. Ziel ist es, die eigene Ausdrucksbandbreite kennenzulernen und bewusst zu machen. In Zweiergruppen werden die Serien am Handy angeschaut und besprochen.

Kann ich die Emotion des anderen benennen? Stimmen Selbst- und Fremddeutung überein?

Welche Emotionen sind eindeutiger, welche sind mehrdeutig?

Abb. 43: Emotionen (Peter Holzwarth)

In einem dritten Schritt werden die Fotos ausgedruckt und in der Gruppe besprochen. Fotos mit gleichen oder ähnlichen Emotionen werden einander zugeordnet, so dass eine Auslegeordnung entsteht. Wo sehen Emotionen ähnlich aus? Wo gibt es Unterschiede?

Es ist auch möglich, in Zweiergruppen zu arbeiten und sich gegenseitig zu fotografieren.

Verschiedene Versionen von mir

Bei diesem Projekt geht es um eine Selfie- oder Portraitserie, bei der verschiedene Versionen der eigenen Persönlichkeit ausprobiert werden (z. B. Ich mit Sonnenbrille, mit Kopftuch, mit Baseballcap, mit Kapuzenpulli, mit Schminke, mit Lippenstift, mit gegelten Haaren, mit Zöpfen, mit Corona-Maske etc.).

So können verschiedene Charaktere kreiert werden, z. B. eine brave oder angepasste Persönlichkeit, eine neutrale Persönlichkeit, eine wilde Persönlichkeit etc.).

Gefühle interpretieren und verkörpern

Im Kinderbuch bzw. Postkartenset «Da sein: Was fühlst du?» von Kathrin Schärer werden gemalte Tiere gezeigt, die Gefühlszustände wie *gespannt sein, ängstlich sein, ungeduldig sein* oder *mutig sein* verkörpern (Schärer 2021).

Die Teilnehmenden bekommen in Zweierteams ein Tier ohne Beschriftung gezeigt und diskutieren über den Gefühlszustand, den das Tier zeigt. In einem zweiten Schritt wird der intendierte Gefühlszustand aufgelöst. In einem dritten Schritt stellen die Teilnehmenden die Emotion mit dem ganzen Körper dar und fotografieren sich gegenseitig. Am Ende werden Tier und Menschenbild als Kombination präsentiert.

Gefühle in Bildern ausdrücken

«Es geht nicht darum ein Gefühl wegzubekommen.
Es geht darum einen guten Umgang damit zu erlernen.»
Tanja van den Bergh (https://www.instagram.com/tania.vandenbergh/)

Die Teilnehmenden schreiben eine Liste mit Gefühlszuständen, die sie gut aus ihrem eigenen Leben kennen und bebildern sie mit Fotos, die sie bereits gemacht haben oder mit neuen Fotos. Es können Fotos sein, die Stimmungen ausdrücken oder Gesichtsausdrücke oder Körperhaltungen. Je nach Länge der Liste kann auch nur ein Teil bebildert werden.

Vorfreude auf den Frühling	
Zufriedenheit nach einem langen erholsamen Schlaf	
Gefühl des Erfolgs: «Yes, I can!»	

Trauer um den Verlust von etwas, was einem viel bedeutet hat	
Konzentration bei der Lösung eines Problems	
Intensives Glücksgefühl	
Besinnliche Ernsthaftigkeit bei der Lektüre eines Buchs	
Nervenkitzel vor einem Abenteuer	

Wohlige Müdigkeit nach einem erfüllten Tag	
Ein Chaos von Gedanken und Gefühlen im Kopf haben	
Freude über eine neue Freundschaft oder Liebe	
Frustration, wenn ein Wunsch nicht in Erfüllung geht	
Freude über eine nette Rückmeldung	

Melancholische Nachdenklichkeit	

Abb. 44: Gefühle in Bildern (Peter Holzwarth)

Die Teilnehmenden können sich in Zweiergruppen treffen, sich gegenseitig die Bilder zeigen und überlegen, welches Gefühl zum Ausdruck kommt:

- A zeigt B ein Bild (ohne das Gefühl zu nennen).
- B äussert eine Vermutung zu möglichem Gefühl (was A wohl visualisieren wollte).
- A nennt den visualisierten Gefühlszustand.
- B äussert die eigenen Assoziationen zum Bild.

Danach werden die Rollen gewechselt.

Emotionen beschreiben (vgl. Spielmann 2020)

> «Es war ein steinerner Mädchenkopf, so gelegt, daß man drauf blickt wie auf das Gesicht einer schlafenden Frau, wenn man sich auf die Ellbogen stützt. ‹Was sie wohl zusammenträumt –?› Keine Art der Kunstbetrachtung, mag sein, aber es interessierte mich mehr als die Frage, ob viertes Jahrhundert oder drittes Jahrhundert v. Chr. ... (...) Es macht etwas aus, in der Tat, was mich aber nicht verwundert; eine Belichtungssache. Wenn Sabeth (oder sonst jemand) bei der Geburt der Venus steht, gibt es Schatten, das Gesicht der schlafenden Erinnye wirkt, infolge einseitigen Lichteinfalls, sofort viel wacher, lebendiger, geradezu wild.»
>
> (Max Frisch: Homo faber, 1977, S. 111)

Die Teilnehmenden bekommen den Auftrag, eine menschliche Figur oder mehrere Figuren im öffentlichen Raum zu fotografieren und eine Fotoserie mitzubringen. Ausgewählte Fotos der Serie werden in ein Word-Dokument eingefügt. Die Teilnehmenden beschreiben den Ausdruck der Figur und deren Emotionen in Stichworten und verfassen auf dieser Basis einen Text (Körpersprache, Gestik, Mimik, Stimmung).

Abb. 45: Statue als Ausgangspunkt für die Arbeit zum Thema Emotionen (Peter Holzwarth)

Es bestehen folgende Möglichkeiten:

- ein Gedicht über die Figur
- ein innerer Monolog der Figur, in dem die Emotionen zum Ausdruck kommen
- eine Beschreibung der Emotionen von aussen
- Fragen, die die Teilnehmenden an die Figur richten
- Fragen, die von der Figur beantwortet werden, also ein fiktiver Dialog
- bei einer Darstellung von zwei Figuren kann auch ein Dialog zwischen diesen erdacht werden, das Foto wird mit Denkblasen oder Sprechblasen versehen, in denen Emotionen zum Ausdruck kommen

Das Besondere im Alltäglichen – das Schöne im vermeintlich Hässlichen

Die Teilnehmenden besuchen einen Ort in ihrer Stadt oder ihrem Dorf, der als besonders hässlich gilt bzw. den sie als besonders abstossend wahrnehmen (z. B. Rosengartenstrasse in Zürich, Baslerstrasse in Luzern, Osterholz-Tenever in Bremen oder Marzahn in Berlin).

Sie machen ein Gesamtbild des Ortes (Totale) und dann eine kleine Serie von Nah- und Makroaufnahmen. Das Ziel ist, fotografisch zu zeigen, dass es Schönheit im Hässlichen geben kann, wenn man sie entdecken bzw. sehen will.

Tableaux vivants mit Fotografien bzw. Film

Die Teilnehmenden stellen eine Fotografie nach, fotografieren das Remake und präsentieren es zusammen mit dem Original (vgl. Holzwarth 2014). Durch das körperliche Nachempfinden der Haltung einer Person können empathische Prozesse ausgelöst werden. Das Beispiel Abbildung 46 basiert auf dem Cover des Beatles-Albums Abbey Road.

Abb. 46: Remake zum Cover des Beatles-Albums Abbey Road (Schulprojekt)

Abb. 47: Umsetzungsbeispiel (Jonas Egli)

Abb 48: Umsetzungsbeispiel (Yves Baumann)

Auch Standbilder aus Filmen können für ein «tableaux vivants» genutzt werden (die beiden Beispiele beziehen sich auf «Im Juli» von Fatih Akin (Deutschland, 2000).

Selbstportraitvariationen

Die Teilnehmenden bringen ein (Selbst-)Portrait oder eine Serie von (Selbst-)Portraits mit und bekommen, je nach Zielgruppe, verschiedene Materialien und Möglichkeiten präsentiert (s. unten). Das Endprodukt ist eine Serie von (Selbst-)Portraits, die auf unterschiedliche Art und Weise gestaltet wurden.
(Beispiele Abbildung 49, 1-11, von links nach rechts)

Wegnehmen
Ränder abschneiden
Etwas herausschneiden
Einen Teil des Bildes herauskratzen bzw. die Oberfläche abkratzen (5)
Einen Teil wegfalten

Hinzufügen
Bild A und Bild B kombinieren (6 und 8)
Bild A mit verschiedenen anderen Bildern kombinieren

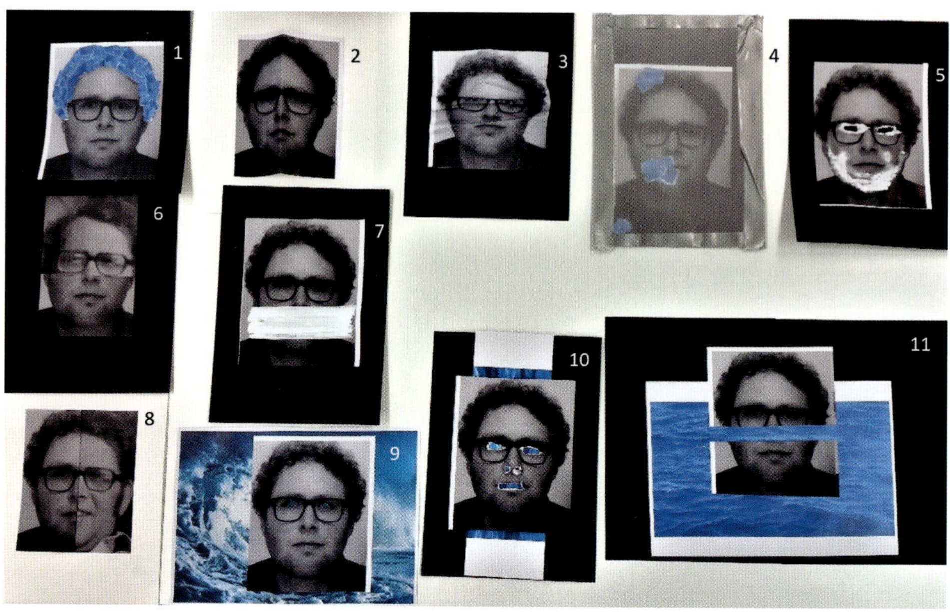

Abb. 49: Beispiele 1 bis 11 Selbstportraitvariationen (Peter Holzwarth)

Übermalen (7)
Überkleben
Bildteile multiplizieren und neu kombinieren (auch in verschiedenen Grössen möglich)
Bild verpacken (4)
Passepartout vor das Bild bringen (in verschiedenen Formen möglich) (11)
Löcher in das Bild machen und einen neuen Hintergrund durch die Löcher sichtbar werden lassen (10)
Bild an zwei Stellen aufschneiden und ein unbewegtes dreidimensionales Objekt hineinschieben (z. B. einen Pflanzenzweig)
Bild an zwei Stellen aufschneiden und einen Finger oder eine Hand hineinschieben
Bild an einer Stelle aufschneiden und eine Pflanze hindurchwachsen lassen
Bild mit chemischen Substanzen behandeln

Umstellen
Teile des Bildes neu zusammenfügen

Dreidimensionale Objekte hinzufügen
Blumenblüten auf die Augen legen
Bildteile durch Fäden verbinden
Faden in das Bild einnähen

Dreidimensionalität
Bild auffalten (2)
Bild zerknüllen (3)
Figur im Bild ausschneiden (bis auf eine Stelle) und aufrichten

Pop-Art-Portraits

Eine bekannte Arbeit von Andy Warhol zeigt das Portrait von Marilyn Monroe in verschiedenen farblich gestalteten Variationen. Im Film Trainspotting (Danny Boyle, UK, 1996) hat die Protagonistin Diane (Kelly Macdonald) ein solches Pop-Art-Remake mit eigenen Portraits in ihrem Zimmer hängen.

Die Teilnehmenden bringen ein Portrait von sich mit und gestalten auf ähnliche Weise 6 oder 9 verschiedene Farbvariationen, die am Ende dicht nebeneinander präsentiert werden (2 Dreierreihen oder 3 Dreierreihen).

Es kann digital gearbeitet werden (z. B. mit Word oder Photoshop) oder analog (Schwarzweiss-Kopien werden mit Wasserfarbe oder Wachsmalkreide bearbeitet).

Die Einzelportraits können jeweils einfarbig gestaltet werden oder in mehreren Farben.

Abb. 50: Beispiel Pop-Art-Portraits (Peter Holzwarth)

Die Beschäftigung mit dem eigenen Portrait und die Präsentation von mehreren Variationen kann einen Akt von Empowerment darstellen. Die Äusserung kann als Stolz auf das eigene Selbst gedeutet werden.

«Ich – mal anders...» – Portrait mit selbstgemachtem Vordergrund

Die Teilnehmenden arbeiten mit einem bereits vorhandenen Portrait oder Selfie. Sie schneiden sich ein neues Oberteil aus und eine neue Frisur und kleben die neuen Elemente auf das vorhandene Foto. Auch dreidimensionale Dinge sind möglich, z. B. Holzwolle, Papierstreifen, Lametta oder Ähnliches als Haare.

Abb. 51: Schaufensterdekorationsbild als Inspiration für Portraitveränderungen (Peter Holzwarth)

Portrait mit selbstgemaltem Hintergrund

Die Teilnehmenden bekommen Bilder gezeigt, auf denen bedeutende Persönlichkeiten mit Hintergründen zu sehen sind: Mao mit Sonnenstrahlen als Hintergrund, Che Guevara mit rotem Hintergrund, Barak Obamas Plakat «Yes we can!» mit blaurotem Hintergrund. Es kann eine Diskussion darüber angeregt werden, was diese Hintergründe bei den Bildbetrachtenden erreichen sollen. Mao beispielsweise könnte mit positiven Eigenschaften assoziiert werden, die man auch der Sonne zuschreibt (Wärme, Energie, Wachstum).

Bereits vorbereitete Schwarz-Weiss-Portraits mit starken Kontrasten werden verteilt, und die Teilnehmenden können ihre eigenen Hintergründe mit Holzstiften oder Wasserfarben gestalten.

Abb. 52: Beispiel Portrait mit selbstgemaltem Hintergrund (Schulprojekt)

Abb. 53: Beispiel Ganzkörperportraits mit Strassenkreide (Peter Holzwarth)

Abb. 54: Beispiel Ganzkörperportraits mit Strassenkreide (Peter Holzwarth)

Ganzkörperportraits mit Strassenkreide

Die Teilnehmenden arbeiten in Zweierteams. Eine Person legt sich auf den Asphaltboden, die andere zeichnet deren Umriss mit Kreide nach. Danach wechseln die Rollen. Darauf malt jede Person den eigenen Umriss mit Kreide farbig aus. Am Ende inszeniert sich jede Person neben ihrer Kreideversion und lässt sich fotografieren. Das Bild kann auch so angelegt sein, dass sich Kreideversion und echte Version die Hand geben. Auch Teamfotos sind natürlich möglich (s. Abbildungen 53 und 54).

Phantasiewelten mit Kreide

Die Teilnehmenden bekommen farbige Strassenkreiden. Sie malen eine Szenerie auf den Boden, in die sie sich selbst perspektivisch integrieren (vgl. Holzwarth 2011). Besonders spannend sind Aktivitäten, die sonst nicht möglich wären oder vielleicht ungelebte Träume sind, z. B., von Luftballons davongetragen werden, mit Schmetterlingsflügeln davonfliegen, als Superwoman oder Superman mit rotem Umhang über Hochhäuser fliegen, als Astronautin Planeten erkunden, Einrad fahren, auf einem Surfbrett über die Wellen gleiten, durch Unterwasserwelten tauchen, auf einem Besen fliegen, als Engel durch die Luft schweben, in einem tollen Auto fahren, auf einem grossen Pferd reiten, auf einem Dinosaurier reiten, eine riesige Hantel stemmen, eine Königskrone tragen etc.. Am Ende wird die Person zusammen mit dem Bodenbild bzw. der gemalten Szenerie von einer Klappleiter aus fotografiert (s. Abbildung 55, 56).

Manche Szenerien lassen sich auch gut mit farbiger Kreide auf einer Schultafel realisieren.

Es ist hilfreich, wenn das Prinzip zu Beginn anhand einiger visueller Beispiele veranschaulicht wird.

Medien- und gesellschaftskritische Collagen im Stil von Barbara Kruger

Die Teilnehmenden setzen sich mit den künstlerischen Arbeiten von Barbara Kruger auseinander (Bildsuche „Barbara Kruger" und http://de.wikipedia.org/wiki/Barbara_Kruger). Sie produzieren in einem ähnlichen Stil eine eigene medienkritische oder gesellschaftskritische Arbeit.

Kruger kombiniert Schwarzweissbilder mit rot-weissen Textblöcken. Hier sind ein paar Beispiele für Texte:

> «I shop therefore I am», «You become what you consume», «We are the slaves of objects around us» und «Your body is a battleground».

Auch die gesellschaftskritischen Arbeiten von Klaus Staeck sind in diesem Kontext interessant (Bildsuche «Klaus Staeck» und https://www.edition-staeck.de/).

Abb. 55: «Mach die Strasse zum Kino», Volg-Kindermagazin HEY. Wettbewerb 2017. (Volg-Tragetasche)

Abb. 56: «Mach die Strasse zum Kino», Volg-Kindermagazin HEY. Wettbewerb 2017. (Volg-Tragetasche)

Vordergrundbilder

Bei Vordergrundbildern geht es darum, etwas so in die Kamera zu halten, dass die Bedeutung des Fotografierten verändert wird.

Hintergrundbilder

Bei Hintergrundbildern wird die Bedeutung eines Objektes durch den Hintergrund verändert.

Abb. 57: Beispiel Vordergrundbild (Katerina Tsevdou)

Abb. 58: Beispiel Hintergrundbild (Peter Holzwarth)

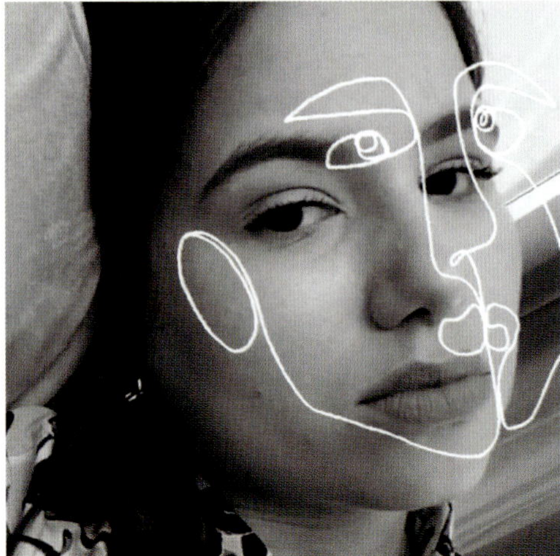

Abb. 59: Beispiel digitale Umsetzung (rahelfse, Instagram)

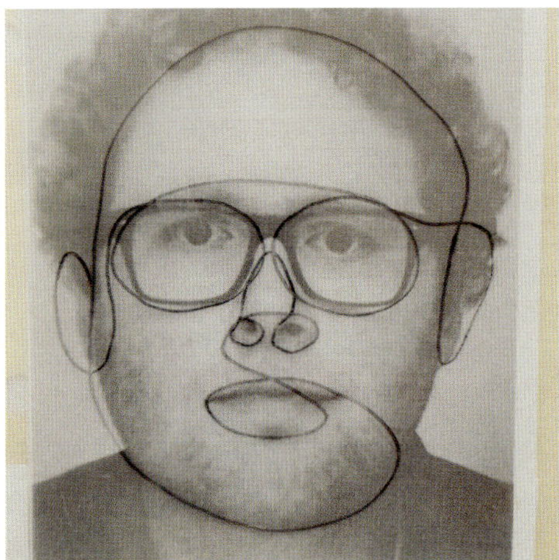

Abb. 60: Beispiel analoge Umsetzung (Peter Holzwarth)

«Hinterglasmalerei»

Die Teilnehmenden arbeiten in Zweierteams. Eine Person stellt sich hinter das Glas eines geöffneten Fensters. Die andere Person benutzt abwischbare Stifte bzw. Farben und zeichnet die Umrisse der Person von der anderen Seite aus (nach). Dabei ist es hilfreich, ein Auge zuzumachen. Als Endprodukt kann die Person im Original zusammen mit der Glasmalerei als zweite Ebene fotografiert werden oder aber nur die Malerei.

Eine Variante besteht darin, dass ein Portraitfoto in eine transparente Sichthülle/ Klarsichtfolie gesteckt und ähnlich bearbeitet wird.

Beides kann reizvoll sein, die starke Orientierung an den tatsächlichen Umrisslinien oder aber die bewusste Abweichung bzw. Abstraktion. Eine Herausforderung könnte darin bestehen, wie Picasso ein Gesicht in einer Linie zu malen (ohne Absetzen des Stiftes).

Hinweis: Hinterglasmalerei bedeutet ursprünglich etwas anderes. Es ist hier im übertragenen Sinn gemeint.

Bildüberlagerungen

Mehrere Fotos werden mit Hilfe eines digitalen Programms übereinandergelegt, wobei die Transparenz so eingestellt wird, dass sich die Bilder überlagern.

Abb. 61: Beispiel Bildüberlagerung (Dora Farago)

Selbstportrait mit Doppelbelichtung bzw. Überlagerung von zwei Bildern

Zwei verschiedene Fotos werden übereinandergelegt und in ihrer Transparenz so verändert, dass es wie eine Doppelbelichtung aussieht.

Beide Fotos werden untereinander in Word eingefügt. Bei beiden Bildern wird die Transparenz verändert («Grafik formatieren» – «Bildtransparenz»: z. B. «Bildtransparenz» auf 50%). Das untere Bild wird so definiert, dass es vor dem Text liegt («vor den Text»). Dann wird das untere Bild auf das andere gezogen.

Mittels Photoshop können die beiden Fotos als separate Ebenen übereinander definiert werden. Auf beiden Ebenen wird die Transparenz erhöht.

Abb. 62: Beispiele Selbstportrait mit Doppelbelichtung bzw. Überlagerung von zwei Bildern (Peter Holzwarth)

Fotografie und Schatten / Spiegelung

«Um dich zu erkennen und voll zu erblühen, musst du beides integrieren – das Licht und die Dunkelheit in dir.»
(Veit Lindau)

Abb. 63: Beispiel Fotografie und Schatten (Peter Holzwarth)

Abb. 64: Beispiel Fotografie und Spiegelung (Khalil Hathroubi und Oumayma Bahri)

Abb. 65: Schatten und Spiegelung gleichzeitig (Peter Holzwarth)

Schatten und Spiegelungen zu fotografieren, kann eine reizvolle Aufgabe darstellen. Es entstehen ästhetisch ansprechende Produkte, die auch eine tiefgründige Bedeutung haben können (z. B. Schatten und Spiegelungen als zusätzliche Wirklichkeitsebenen). In diesem Zusammenhang steht auch Platons Höhlengleichnis.

Spiegelungen können in unterschiedlichen Kontexten fotografiert werden: Spiegel, Glasflächen, nasse Oberflächen, Spiegelungen in Metallflächen bzw. -objekten oder Wasserspiegelungen.

In bestimmten Konstellationen können Schatten und Spiegelungen auch gemeinsam auftreten (s. Abbildung 65).

Fotografie mit Projektionen

«We don't see things as they are, we see them as we are.»
Anaïs Nin

«Was Peter über Paul sagt, sagt mehr über Peter als über Paul.»
(Aphorismus)

Mit einem Beamer, Tageslichtprojektor oder Diaprojektor kann man Bilder auf Menschen projizieren und damit Bedeutungsspiele mit Wirklichkeitsebenen eröffnen (vgl. Janine Küngs Projekt «Projektion» auf https://projektion.jimdofree.com/).

Die Autorin arbeitet mit ästhetischen und psychologischen Dimensionen von Projektion: Projektion als optisches Phänomen, Projektion als Abwehrmechanismus bei Sigmund Freud (z. B. in anderen Menschen bzw. Menschengruppen das kritisieren, was man selbst nicht an sich mag), die Vorstellungen, die wir auf Lebenspartner, andere Menschen oder Länder projizieren.

Immer wieder stellt sich die Frage: Ist das, was wir im anderen sehen oder zu sehen glauben, eine Eigenschaft des anderen oder eine Eigenschaft von uns selbst?

Eine fotografische Versuchsanordnung könnte auch darin bestehen, dass zwei Personen gleichzeitig am Stromnetz angeschlossene Beamer aufeinander richten, wobei wechselseitig ein anderes Gesicht auf das eigentliche Gesicht projiziert wird.

Eine weitere Variante könnte darin bestehen, dass das Bild, das auf menschliche Haut projiziert wird, mit einem Stift nachgezeichnet wird. Die Flüchtigkeit der Projektion wird durch die Nachzeichnung in Beständigkeit überführt.

Mit bewegten Bildern, die via Beamer projiziert werden, und mit Filmkameras statt Fotokameras kann auch ein Videoprojekt entstehen.

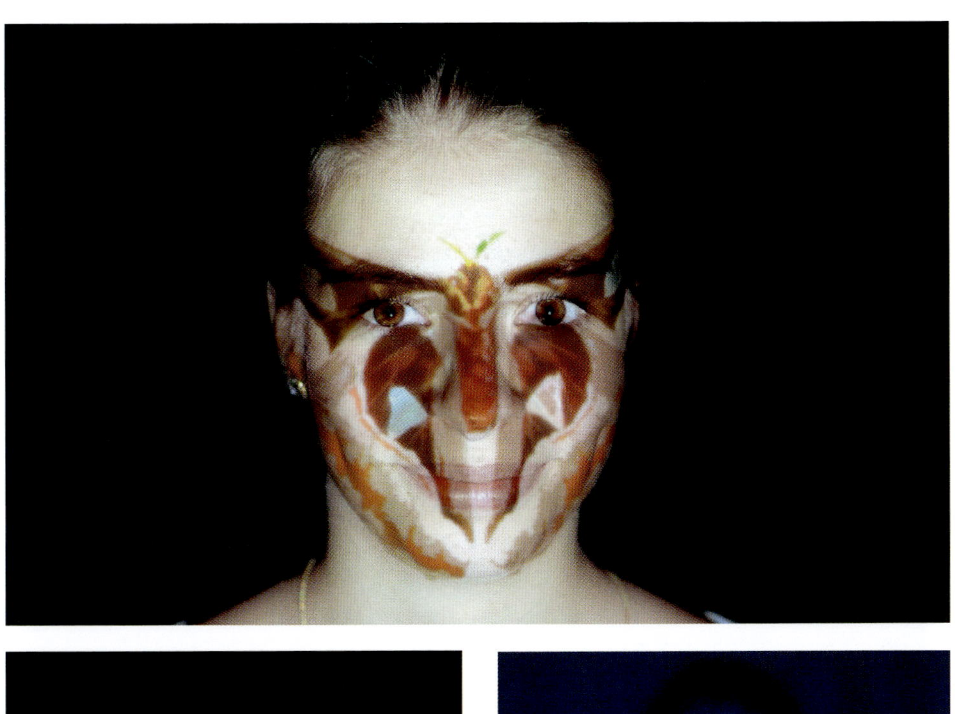

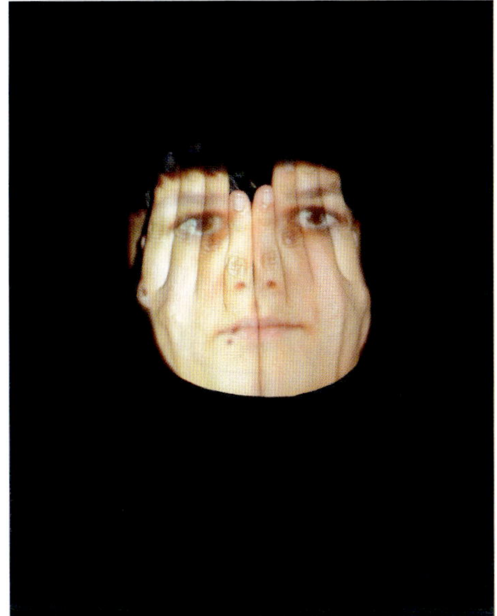

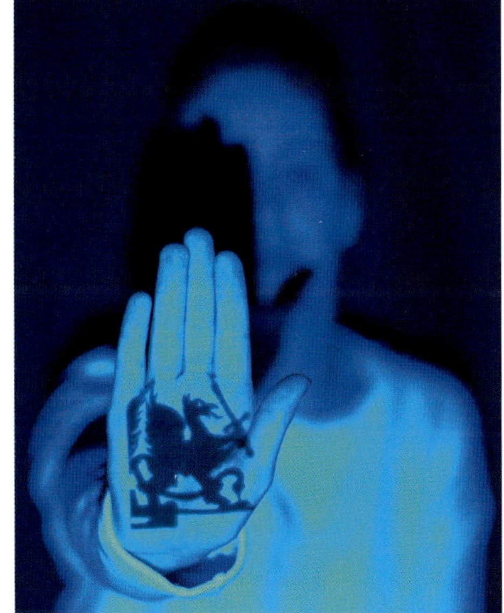

Abb. 66-68: Beispiele Fotografie mit Projektionen (Janine Küng)

Framing-Fotos

Die Teilnehmenden erkunden die nähere Umgebung mit Fotoapparaten und machen Fotos zum Thema «framing», d. h. Objekte, die von vorgefundenen Elementen eingerahmt werden, z. B. von einem Torbogen, Elementen von Zäunen, Bögen, Fenstern, Rohren, Gebäuden etc.

Abb. 69: Beispiel Framing-Foto (Peter Holzwarth); links

Abb. 70: Beispiel Framing-Foto (Adrian Müller); rechts

«100 Fremde» (Stauber & Gavin 2015, S. 17)

Es werden auf der Strasse 100 fremde Menschen gefragt, ob man von ihnen ein Portrait-Foto machen kann (vgl. https://synke-unterwegs.de/fotoprojekte-ideen-2014/). Diese Aufgabe erfordert von den teilnehmenden Personen Mut und die Gelassenheit, sich nicht von negativen Feedbacks einschüchtern zu lassen. Eine leichtere Variante bzw. Einstiegsvariante könnte darin bestehen, an einem Tag nur zehn fremde Menschen zu fotografieren.

«356 Tage» (Stauber & Gavin 2015, S. 17)

Ein Objekt wird jeden Tag im Laufe eines Jahres fotografiert, so dass sich Jahreszeiten und andere Wandlungsprozesse in einer Serie sichtbar machen lassen (vgl. https://synke-unterwegs.de/fotoprojekte-ideen-2014/). Eine niederschwelligere Variante bestünde darin, das Projekt über die Dauer von einem Monat durchzuführen.

Zoombilder

Während des Fotografierens mit einer Spiegelreflexkamera wird die Einstellungsgrösse sehr schnell manuell von *Normal* hin zu *Tele* verändert, so dass ein Langzeitbelichtungs-Zoom-Effekt entsteht (durch Drehen am Objektiv).

Abb. 71: Beispiel Zoombilder (Peter Holzwarth)

«Wackelbilder» – Fotos in Bewegung

Beim Fotografieren wird die Kamera extrem stark gedreht oder in eine Richtung geschwenkt. So entstehen spannende Bewegungsunschärfen, abstrakte Gebilde oder Verbindungen von Abstrakt und Konkret.

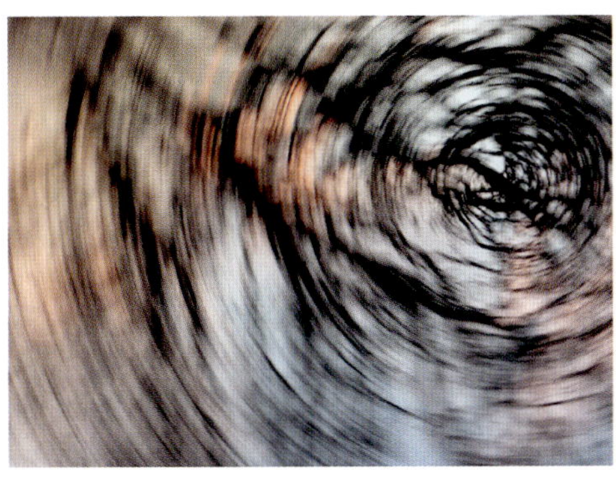

Abb. 72, 73: Beispiel «Wackelbilder» (Peter Holzwarth)

Verwischte Bilder – Objekte in Bewegung

Eine Person bewegt beim Fotografieren ihren Kopf zur Seite. Durch Langzeitbelichtung entstehen Verwischungen, und unter Umständen zwei Ansichten des Kopfes.

Abb. 74: Beispiel Verwischte Bilder (Peter Holzwarth)

Abb. 75: Beispiel Verwischte Bilder (Peter Holzwarth)

Bild-Darstellungen im Vergleich (Céline Djemal & Jolanda Hess)

«Glück lässt sich nämlich unter anderem im aufmerksamen Betrachten von Dingen finden.»
(Jansen 2020, S. 17)

Das gleiche Bildmotiv wird in unterschiedlichen Arten dargestellt, z. B. Fotografie einer Blume, Zeichnung einer Blume, Gemälde einer Blume, Collage einer Blume, Blume im Original (getrocknet und in einem Buch gepresst).

Die verschiedenen Darstellungsformen werden nebeneinander präsentiert. Die Teilnehmenden diskutieren die verschiedenen Besonderheiten, Vor- und Nachteile.

Abb. 76: Fotografie als Ausgangspunkt für weitere Darstellungsarten (Peter Holzwarth)

Fotocollagen im Stil von David Hockney

In Anlehnung an den britischen Künstler David Hockney (https://de.wikipedia.org/wiki/David_Hockney) können spannende Collagen produziert werden.

Die Fotos können überlappend oder nebeneinander platziert werden. Mit der Eingabe «hockney collage» bei einer Online-Bildsuche kann man sich von Hockneys Arbeiten inspirieren lassen.

Auf einer PowerPoint-Folie lassen sich einzelne Bilder arrangieren. Wenn ein Bild über dem anderen liegen soll, kann man es ausschneiden und neu einfügen. Bilder lassen sich auch einfach drehen, wenn sie angeklickt wurden.

Abb. 77: Beispiel Fotocollage im Stil von David Hockney (Rebekka Spalinger)

Abb. 78: Beispiel Fotocollage im Stil von David Hockney (Ikbale Zuberi)

Zweier-Collagen

Portraits weden in der Mitte halbiert und neu kombiniert, so dass quasi ein neuer Mensch entsteht.

Abb. 79: Beispiele Zweier-Collagen (Schulprojekt)

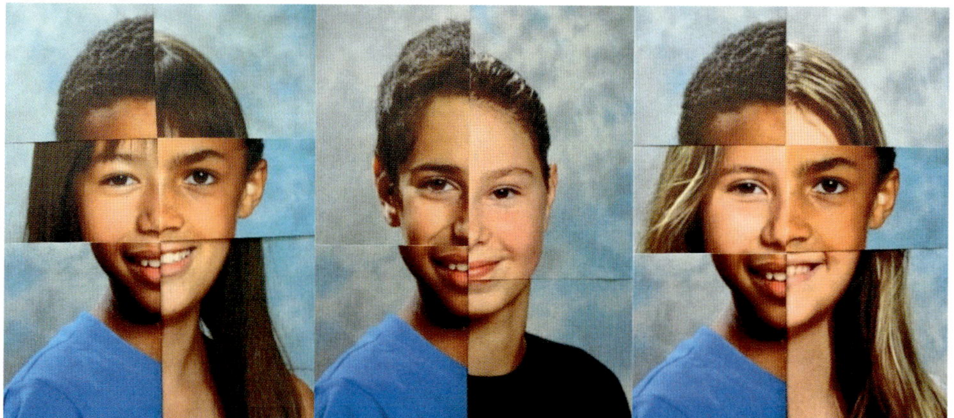

Abb. 80: Beispiele (Schulprojekt)

Eine Kombination mit mehreren Teilen ist auch möglich, z. B. vier oder sechs Teile (s. Abbildung 80).

Auch eine Kombination aus ganz vielen verschiedenen Gesichtsteilen kann spannend sein (vgl. Dietrich 2017, S. 146).

Doppelportrait

Die Teilnehmenden finden sich in Dreiergruppen zusammen. Eine Person fotografiert, die anderen beiden positionieren sich so, dass ein frontal aufgenommenes Portrait mit einem seitlich aufgenommenen Portrait gleichsam verschmilzt. Es ist wichtig, dass die Lippen auf einer Höhe positioniert sind. Zentral ist auch, den optimalen Abstand zwischen beiden Personen zu finden. Geduld und Ausprobieren sind wichtig.

Es kann durchgewechselt werden, so dass alle drei Personen einmal in allen drei Rollen waren (Fotografieren, Portrait frontal und Portrait seitlich).

Abb. 81: Filmplakat als Inspiration für ein Doppelportrait (Peter Holzwarth)

Collage «Klassenmensch» (Nicole Müller & Jessika Volkhart)

Eine Fotocollage wird so zusammengestellt, dass die fertige Figur Teile von allen Personen der Klasse enthält (z. B. Auge von Schülerin A, Auge von Schüler B, Haare von Schülerin C, Nase von Schüler D, … Fuss von Schüler Y, Fuss von Schülerin Z).

Der Klassenmensch kann als Visualisierung von Gemeinschaft verstanden werden. Jede Person trägt als Einzelwesen zum Ganzen bei, trotz Individualität des Einzelnen entsteht bei dieser Collage eine Ganzheit.

Handymasken

Ein Teil des Gesichtes (z. B. Mund, Augenpartie) wird mit dem Handy abfotografiert und das Display anschliessend nach oben vor das Gesicht gehalten. Es wird ein weiteres Foto gemacht. So können auch zwei Menschen kombiniert werden (z. B. Augen von Person B auf dem Gesicht von Person A).

Abb. 82: Beispiel Handymasken (Studierendenprojekt)

Portraitexperimente mit Weitwinkel- und Tele-Einstellung (Stauber & Gavin 2015, S. 7)

Dasselbe Gesicht wird mit ungefähr gleichem Ausschnitt einmal mit einem Weitwinkel fotografiert und einmal mit einer Teleeinstellung. (Hinweis: Ein Handy ist für dieses Projekt nicht geeignet, es sollte eine Kamera mit optischem Zoom sein.)

Die Ergebnisse werden nebeneinander präsentiert. Bei der Weitwinkelaufnahme tritt die Nase prägnant hervor und das Gesicht wirkt sehr plastisch und schmal (vgl. Holzwarth 2013).

Bei der Teleaufnahme wirkt das Gesicht insgesamt breiter und flacher. Die Nase tritt nicht hervor.

Ideal für ein Portrait ist eine Einstellung zwischen Weitwinkel und Zoom.

Mit dieser Aktivität kann verdeutlicht werden, dass viele fotografische Faktoren das Ergebnis eines Portraits beeinflussen können. (Weitere Dimensionen sind u. a. Perspektive, Beleuchtung, Gesichtsausdruck, geschminkt vs. ungeschminkt, Filter, Nachbearbeitung.)

Hinweis: Wenn viele Varianten zwischen Weitwinkel und Tele fotografiert werden, kann ein kleiner Animationsfilm erstellt werden, bei dem das Gesicht zu wachsen und zu schrumpfen scheint.

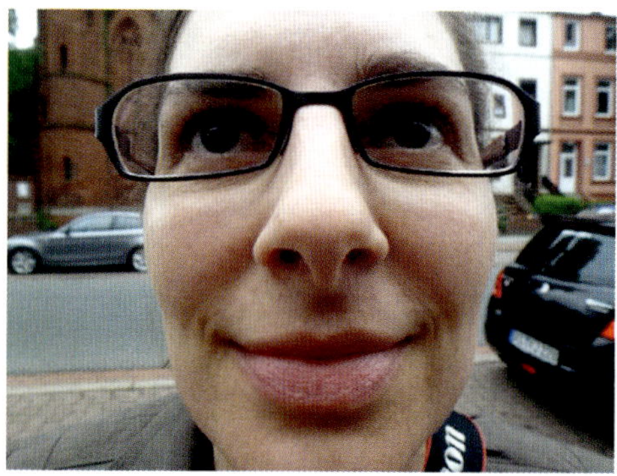

Abb. 83: Portrait mit Weitwinkel/Weitwinkeleinstellung lässt das Gesicht extrem schmal erscheinen. (Peter Holzwarth)

Abb. 84: Portrait mit Tele/Teleeinstellung lässt das Gesicht breit und flach erscheinen. (Peter Holzwarth)

Fotoportraits «Wer bin ich wirklich?»

Die Teilnehmenden finden sich in Zweierteams zusammen und machen eine Serie von Portraits/Selbstportraits...

...als Kurzbeinmensch (die ganze Person aus der Vogelperspektive fotografieren)

...als Langbeinmensch (die ganze Person aus der Froschperspektive fotografieren)

...als Breitkopfmensch (Tele wählen und aus der Distanz fotografieren)

...als Schmalkopfmensch (Weitwinkel wählen und nahe hingehen)

...als Normalmensch (zwischen Weitwinkel und Tele fotografieren).

Abb. 85: Kurzbeinmensch (Vogelperspektive), Langbeinmensch (Froschperspektive), Normalsicht (Augenhöhe), Breitkopfmensch (Tele), Schmalkopfmensch (Weitwinkel) und normale Ansicht (vgl. Hauschild 2013, S. 11 und Holzwarth, 2013, S. 10)

Reflexionsfragen:

- Wie wirken die verschiedenen Versionen auf dich?
- Wie gefällst du dir am besten?
- Gibt es die «eigentliche» Aufnahme?

Hinweis: Je nach Bildästhetik bzw. Bildoptik kann man jemanden sehr unterschiedlich aussehen lassen – unabhängig von Photoshop und Instagram-Filtern. Eine Fotografie zeigt einen Menschen immer nur auf eine bestimmte Art und Weise, Fotografieren heisst nie, dass jemand «objektiv» abgebildet ist.

Für das Ergebnis einer Aufnahme spielen immer drei Faktoren zusammen: das Bildmotiv, die Kompetenzen der fotografierenden Person und die technischen Möglichkeiten der Kamera (s. Abbildung 86).

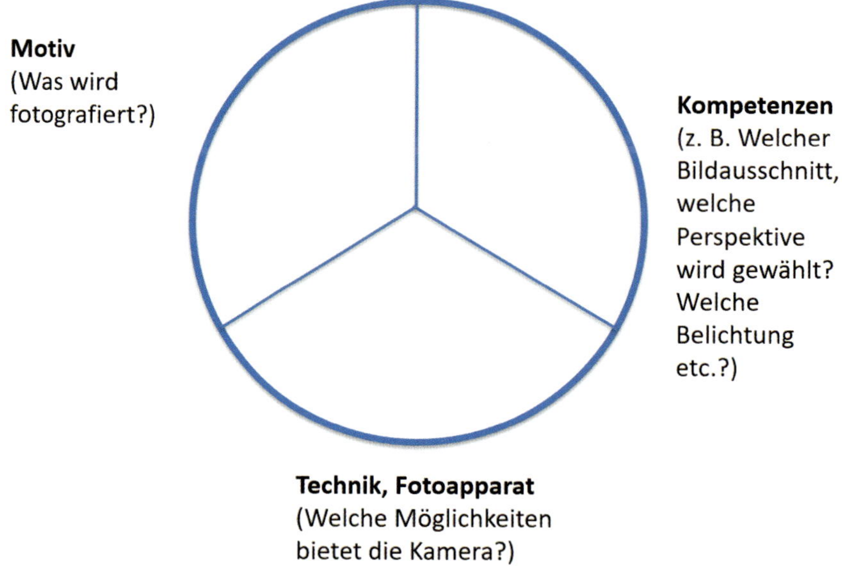

Abb. 86: Drei Faktoren, die bei einer Fotografie zusammenspielen (Peter Holzwarth)

Heimat zum Lernen oder Anstalt? – Fotografie erzeugt Wirklichkeit

Die Teilnehmenden fotografieren ihre Schule, Hochschule oder Institution auf sehr unterschiedliche Art und Weise:

A) Die Schule/Hochschule oder Institution wird so fotografiert, dass sie modern, attraktiv und belebt aussieht.

B) Die Schule/Hochschule oder Institution wird so fotografiert, dass sie nach «Bausünde», «sick building» oder Anstalt aussieht.

Beide Bilderserien werden einander gegenüberstellt. Die Teilnehmenden reflektieren folgende Fragen:

- Welche bildsprachlichen Mittel kamen jeweils bei Ansatz A und B zum Einsatz?
- Welche Bildmotive wurden bei A gewählt, welche bei B?

Hinweis: Folgende Aspekte können vor oder nach dem Fotografieren mit den Teilnehmenden thematisiert werden: Perspektive, Bildausschnitt, Licht, Wärme vs. Kälte, Einstellungsgrössen, Farbe vs. schwarz-weiss, Inszenierung von Menschen im Raum, Emotionen von Menschen, Körperhaltungen von Menschen.

Meine Dinge fotografieren

Die Teilnehmenden bekommen den Auftrag, ihre zehn wichtigsten Gegenstände zu fotografieren und ebenfalls eins bis fünf weitere Dinge, die unnötigerweise in ihrem Besitz sind oder einen unklaren Status haben.

Folgende Reflexionsfragen können helfen:

- Welche Gegenstände sind dir wichtig – materiell oder ideell?
- Wovon würdest du dich auf keinen Fall trennen wollen?
- Welche Dinge sind in deinem Besitz, ohne dass du sie wirklich brauchst?
- Gibt es Dinge, die dir bei genauerer Betrachtung nicht guttun?

Die Bilder werden in ein Dokument eingefügt und jeweils mit einem Kommentar versehen.

Die Übung kann helfen, sich der subjektiven Bedeutung von Besitztümern bewusst zu werden und das Wichtige vom Unwichtigen zu unterscheiden.

Fotografie kann den Abschied von Dingen erleichtern: Ein Erinnerungsfoto hält den Gegenstand fest, ohne dass man ihn behalten muss.

Eine Möglichkeit, sich von Gegenständen zu trennen, besteht darin, sie an andere Menschen weiterzugeben, z. B. mit dem Spiel «Gruschtwichteln» bzw. «Schrottwichteln». Was Person A nicht mehr haben will, könnte Person B glücklich machen.

In der Vorweihnachtszeit treffen sich Menschen und bringen einen Gegenstand, den sie loswerden möchten, in Zeitungspapier verpackt mit. Die Gegenstände werden für alle Teilnehmenden sichtbar aufgestellt. Der Reihe nach wird gewürfelt. Wer eine Sechs gewürfelt hat, darf sich eines der verpackten Dinge nehmen. Das Spiel geht so lang, bis alle Gegenstände verteilt sind. Dann darf geöffnet werden. Anschliessend erfolgt die zweite Würfelrunde: Wer eine Sechs hat, darf bzw. muss seinen Gegenstand mit dem Gegenstand einer anderen Person tauschen. Das Ende wird vorab ausgemacht, z. B. kann diese zweite Würfelrunde auf zehn Minuten beschränkt werden. Am Ende des Spiels können die Gegenstände auch noch informell getauscht werden.

Mein Abfall

Die Teilnehmenden fotografieren eine Woche lang jede Art von Abfall, den sie wegwerfen. Am Ende werden die Fotos sortiert (z. B. nach Abfallart, Vermeidbarkeitsgrad oder Farbe) und zu einer Collage verarbeitet. Über das Projekt machen sich die Teilnehmenden bewusst, welche Menge und welche Arten von Abfall sie produzieren. Der US-Fotograf Gregg Segal (https://www.greggsegal.com/) hat Menschen in ihrem eigenen Abfall inszeniert («7 Days of Garbage»).

Streetart in meiner Umgebung

Die Teilnehmenden bekommen den Auftrag, die nähere Umgebung mit dem Fotoapparat zu erkunden und eine Streetart-Serie zu erstellen (z. B. Graffiti, Sprüche auf Wänden, Schablonenbilder (Pochoirs) etc.).

Der fotografische Blick kann helfen, die eigene Umgebung mit neuen Augen zu sehen und der Kunst ausserhalb von Museen und Galerien gewahr zu werden.

Abb. 87: Beispiele für Streetart: Paris, Genua, Paris und Hamburg (Peter Holzwarth)

Kunst im öffentlichen Raum

Die Teilnehmenden machen sich mit der Kamera auf den Weg und dokumentieren Kunst im öffentlichen Raum aus ihrer individuellen Perspektive (z. B. Denkmäler, Brunnen, Kunstobjekte, Architektur etc.). Am Ende steht eine Fotoserie. Die Fundorte können auch in einen Stadtplan eingezeichnet werden, der andere Menschen motivieren kann, die Kunstorte aufzusuchen.

Das Projekt schärft die Augen für öffentlich zugängliche Kunstwerke und ihre potenziellen Bedeutungen.

Abb. 88: Beispiele für Kunst im öffentlichen Raum: Stuttgart, Zürich, Córdoba, Zug (Peter Holzwarth)

Interventionen mit Kreide

Die Teilnehmenden bekommen dicke Strassenkreiden ausgehändigt, zusammen mit dem Auftrag, im öffentlichen Raum ästhetisch zu intervenieren.

Es geht darum, auf vorhandene Aspekte zu reagieren (z. B. Abfall, Zigarettenstummel oder Hundehaufen auf dem Boden mit einem Kreis zu markieren, den Schatten von Gegenständen auf dem Boden nachzuzeichnen etc.).

Die Kreideinterventionen werden fotografisch festgehalten und präsentiert.

Anstelle von Strassenkreiden kann alternativ auch ein Krepp-Klebeband benutzt werden.

Abb. 89: Beispiel für eine Intervention mit Kreide (Peter Holzwarth)

Zeichen im öffentlichen Raum ästhetisch erweitern

Zeichen, Figuren oder Markierungen im öffentlichen Raum werden aufgegriffen und mit entfernbarem Klebeband (z. B. Krepp-Klebeband) zu einem neuen Bild erweitert. Aus einer Kennzeichnung für Fussgänger wird beispielswiese ein Teufel mit Dreizack, ein treppensteigender Mensch oder ein Pirat mit Säbel, Hut und Hakenhand.

Abb. 90: Beispiele für Umdeutungen von Zeichen mit Krepp-Klebeband (Peter Holzwarth)

Landart gestalten – Landart fotografieren

Die Teilnehmenden benutzen Naturmaterialien wie Steine, Zweige, Laub, Blüten, Tannenzapfen, Eis, Schnee etc. und gestalten damit ein eigenes Landart-Werk.

Es können abstrakte Formen sein (z. B. konzentrische Kreise aus Blättern, Spiralen aus Blüten, Muster aus Zweigen, farbige Flächen aus Muscheln, Mandalas aus farbigen Steinen, Kugeln aus Grashalmen, dreidimensionale Formen aus Schnee, Türme aus flachen Kieseln) oder aber gegenständliche Aspekte (vgl. Pouyet 2009; Güthler & Lacher 2011; Hohberger & Lüder 2016).

Abb. 91: Beispiele für Gestaltung mit Naturmaterialien in der Natur bzw. im öffentlichen Raum (Peter Holzwarth)

Beim Arbeiten kann auf Farbkontraste geachtet werden, verschiedene Materialien lassen sich auch verbinden. Die Umgebung kann bewusst in die Arbeit einbezogen werden, es sind jedoch auch umgebungsunabhängige Darstellungen möglich.

Das Werk wird aus verschiedenen Perspektiven und Einstellungsgrössen fotografiert und dem öffentlichen Raum überlassen. Beim Dokumentieren der Arbeiten kann auch das vorhandene Licht bewusst eingesetzt werden (z. B. von hinten beleuchtete Blätter). Je nach Material kann auch der Prozess der Veränderung über die Zeit dokumentiert werden (z. B. Verfärbung und Verwitterung von Blättern).

Die Internetseite http://www.naturerlebnis-landart.de und der Film «Rivers and Tides – Andy Goldsworthy Working With Time» (Thomas Riedelsheimer, UK/ Deutschland 2001) geben Inspirationen (https://www.dailymotion.com/video/x15e83f und https://www.dailymotion.com/video/x15ee51).

Ausschnitte von Fotoikonen zeichnerisch ergänzen

Berühmte Fotografien, die oft gezeigt, reproduziert und als Remakes dargestellt wurden, bezeichnet man als Fotoikonen (z. B. Kniefall von Willy Brandt in Warschau, Mittagspause auf der Baustelle eines Skyscrapers in New York, Portrait von Che Guevara mit Mütze). Teilweise repräsentieren diese Fotoikonen wichtige historische oder kulturelle Ereignisse und haben sich in das kollektive Bildgedächtnis der Menschen eingeschrieben.

Eine berühmte Fotoikone wird so auf ein Blatt Papier platziert, dass nur ein Teil zu sehen ist. Die Teilnehmenden bekommen die Aufgabe, den fehlenden Teil zeichnerisch zu ergänzen. Am Ende werden die verschiedenen Umsetzungen untereinander und mit dem Original verglichen. Auch Kontextinformationen zum Original werden recherchiert bzw. vermittelt.

Abb. 92: Bildhälfte, ergänzte Bildhälften und das Originalbild «V-J Day in Times Square» von Alfred Eisenstaedt, USA, 14.8. 1945 (https://en.wikipedia.org/wiki/V-J_Day_in_Times_Square)

Schmetterlinge ergänzen (Annina Fehlmann)

Schmetterlingsbilder werden ausgedruckt und als Hälften auf Papier geklebt angeboten. Die Teilnehmenden ergänzen den jeweils fehlenden Flügel.

Abb. 93: Ergänzter Schmetterling (Annina Fehlmann)

Abb. 94: Schmetterling zum Halbieren und Ergänzen (Peter Holzwarth)

Gesichtshälften ergänzen (Zaug 2019)

Die Hälfte eines Portraits wird mit einem weissen Papier abgedeckt, wobei genau die Mitte getroffen werden sollte. Man kann das Papier zur Sicherheit auch festkleben. Das Gesicht wird mit Bleistift, Holzstiften, Filzstiften, Wasserfarben oder anderen Farben ergänzt. Zu beachten ist, dass die Farbintensität auf beiden Seiten ähnlich sein sollte. Das Endprodukt ist ein Foto mit beiden Gesichtshälften.

Abb. 95: Ergänztes Portrait (Peter Holzwarth)

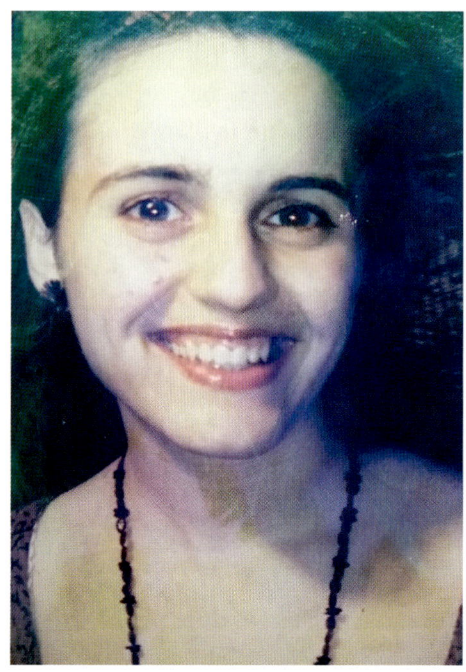

Abb. 96: «Kannst du mir dein glückliches Gesicht zeigen?» (Olga Pérez Solares)

Abb. 97: Emotionen-Collage «Freude» (Virna Talarico)

Video und Film

Gefühle filmen: Kannst du mir dein glückliches Gesicht zeigen? (Instagram «_._krisha._»)

Die Teilnehmenden finden sich in Zweiergruppen zusammen.
Person A filmt Person B und stellt bei laufender Kamera die folgenden Fragen:

- Kannst du mir dein glückliches Gesicht zeigen?
- Kannst du mir dein wütendes Gesicht zeigen
- Kannst du mir dein überraschtes Gesicht zeigen?
- Kannst du mir dein trauriges Gesicht zeigen?
- Kannst du mir dein ängstliches Gesicht zeigen?

Person B antwortet jeweils mit dem entsprechenden Gesichtsausdruck.
Danach wechseln die Rollen und Person B filmt und befragt Person A.
Am Ende schauen die 2er-Teams ihre Videos an und diskutieren über die Erfahrungen und ihre Gefühle beim Darstellen.

Das Projekt kann als einfache Übung zum Kennenlernen der eigenen emotionalen Bandbreite aufgefasst werden. In gewisser Weise kann das Handy hier genutzt werden, um ein Videofeedback auf den eigenen emotionalen Ausdruck zu bekommen (So sehe ich also aus, wenn ich wütend schaue.). Besonders geeignet ist dieses Projekt für die Arbeit in Zweiergruppen. Person A fragt und filmt, Person B reagiert.

Emotionen-Videos aus Collagen (Virna Talarico)

Eine Gruppe präsentiert sich mit verschiedenen Emotionen (z. B. Freude, Angst, Wut, Trauer). Aus den Fotos dieser Gesichts- und Körperausdrucksvariationen wird jeweils eine Collage zusammengestellt (s. Beispiel «Freude»). Die einzelnen Bilder werden mit einem Handy nacheinander abgefilmt und mit einer zur jeweiligen Emotion passenden Musik unterlegt. Die erste Zeile von links nach rechts, die zweite Zeile von rechts nach links und die dritte wieder von links nach rechts.

Kompetenzvideos

Die Teilnehmenden machen kurze Videos über etwas, das sie besonders gut können, z. B. einen Ball lange Zeit jonglieren, sich im Handstand fortbewegen, einen Zaubertrick vorführen, verschiedene Sprachen oder Dialekte sprechen, ein Instrument spielen, etwas aus Papier falten, ein Lied singen, einen Rap präsentieren etc..

Am Ende werden die Kompetenzen bei einer Filmpräsentation gewürdigt.

Erklärvideos

Bei Erklärvideos geht es nicht nur darum, die eigne Kompetenz zu dokumentieren, sondern auch darum, andere dazu zu befähigen, das Gezeigte zu lernen. Es können ganz bestimmte Handlungen erklärt werden (z. B. ein Lied mit Gitarrengriffen begleiten, einen Couscous-Salat zubereiten) oder aber komplexere Zusammenhänge (z. B. Wie funktioniert schriftliche Division in der Mathematik? Wie funktioniert Werbung? Welche Filmtricks gibt es? Wie funktioniert Greenscreen? Was ist Rassismus?).

Im Lehrmittel connected 1 (2019, S. 128-131) werden u. a. folgende Varianten unterschieden:

«Ich zeige es dir vor»-Technik:
Eine Person zeigt vor laufender Kamera, wie beispielsweise eine Mahlzeit zubereitet wird (Stativ oder andere filmende Person). Man kann von A bis Z durchfilmen (ohne Schnitte) oder aber verschiedene Kameraperspektiven und -einstellungen durch Schnitte in der Nachproduktion kombinieren.

Beispiel: «Radiohead – Creep (Guitar Lesson)» https://youtu.be/SyhjR_S8Vxo

Legetechnik:
Figuren und Texte werden auf Papier gemalt und ausgeschnitten. Vor laufender Kamera werden sie nach und nach auf den Tisch gelegt, gegebenenfalls bewegt und wieder weggenommen. Eine Kommentarstimme kann den Prozess begleiten. Möglich sind auch Musik und Geräusche. Es kann auch etwas vor laufender Kamera mit Papier und Stift entwickelt werden.

Beispiel: «Erklärvideo: Wie entsteht ein Erklärfilm?» https://youtu.be/d-aXNmOIzPY

Stop-Motion-Technik:
Sehr viele Einzelfotos werden so aufgenommen, dass es am Ende einen Bewegungsablauf gibt. Die Figur (z. B. Lego, Playmobil oder Knete) wird immer nur ganz wenig bewegt, so dass eine fliessende Bewegung entsteht.

Eine Kommentarstimme lässt dann die Figur Dinge erklären.

Meine Geschichte / Familiengeschichte / Migrationsgeschichte in Bild und Ton

Im Rahmen des internationalen Forschungsprojektes CHICAM – Children in Communication about Migration) (vgl. Holzwarth 2008, de Block & Buckingham 2007, Niesyto / Holzwarth / Maurer 2007) erstellte ein Junge aus Somalia, der nach Europa migriert war, eine Bildergeschichte über sein Leben vor der Reise. Fotos aus dem

Familienalbum wurden abgefilmt, in ein Videobearbeitungsprogramm integriert und mit einer Kommentarstimme versehen. Es kann auch mit abfotografierten Bildern gearbeitet werden. Bei diesem Projekt ist zu bedenken, dass nicht alle Menschen mit Migrationserfahrung gerne als Migrant sprechen wollen (vgl. Holzwarth 2017b). Ein hoher Grad an Freiwilligkeit ist bei diesem Projekt wichtig.

Daher kann das Projekt auch die Überschrift «Meine Geschichte» oder «Meine Familiengeschichte» tragen.

Abb. 98: Standbild aus «The story of Shamake», einer Videoproduktion des Projekts CHICAM (abgefilmte Familienfotos)

Rückwärtsclips

Für einen Rückwärtsclip wird eine einfache Handlung normal abgefilmt und dann mit einem Videoschnittprogramm rückwärts ausgespielt (z. B. Die Blütenblätter einer Blume nacheinander abzupfen, eine Mandarine schälen, eine Banane essen, ein Din-A4-Blatt mit einem darauf gemalten Herz zerreissen, auf dem Treppengeländer entlangrutschen, ins Wasser springen, die Hand eincremen, auf einer Mauer aufgereihte Luftballons mit einer Nadel zum Platzen bringen) (vgl. Holzwarth 2011).

Abb. 99: Mit dem Rückwärtseffekt den Zauberwürfel zauberhaft schnell fertig bekommen (Peter Holzwarth)

Das Ergebnis erinnert an Zauberei und ist für das Publikum oft verblüffend. Für die Macher des Films bedeutet dies Stolz und das Gefühl der Selbstwirksamkeit.

Eine Möglichkeit besteht darin, dass eine Person einen Zauberwürfel mit sechs gleichfarbigen Seiten vor laufender Kamera so verdreht, dass auf jeder Fläche gemischte Farben entstehen. Rückwärts abgespielt wird die gefilmte Person zum Zauberwürfel-Star.

Hinweis: Nicht jede Aktivität sieht rückwärts dargestellt spannend aus. Ein aufgespannter Schirm beispielsweise, der in der Hand gedreht wird, ergibt keinen besonderen Rückwärtseffekt. Die Antizipation des Rückwärtseffekts ist eine gute Übung für das abstrakte Denken.

Strassenumfragen

Bei einer Strassenumfrage ziehen Filmteams in Zweiergruppen los und befragen unterschiedliche Menschen im öffentlichen Raum zu einer bestimmten Thematik. Die gleiche Frage wird an unterschiedliche Menschen gerichtet. Die verschiedenen Statements werden am Ende zusammengeschnitten und repräsentieren einen nicht verallgemeinerbaren, aber doch aussagekräftigen Ausschnitt von öffentlichen Meinungen. Für viele junge Menschen bedeutet es ein Gefühl von Stolz, wenn man sich getraut hat, auf fremde Menschen zuzugehen. Dies trifft umso mehr zu, wenn die Befragung nicht in der eigenen Muttersprache/Erstsprache durchgeführt wird.

Die Themen können frei gewählt werden, sie können auch auf Life Skills bezogen sein:

- Was gibt dir in deinem Leben Energie? / Was gibt Ihnen in Ihrem Leben Energie?
- Wie sieht für dich eine gute Pause aus? / Wie sieht für Sie eine gute Pause aus?
- Was machst du während einer Pause? / Was machen Sie während einer Pause?
- Was macht dich glücklich? / Was macht Sie glücklich?
- Was brauchst du im Leben, um glücklich zu sein? / Was brauchen Sie im Leben, um glücklich zu sein?
- Was sind die drei wichtigsten Dinge im Leben?
- Was sind die drei wichtigsten Dinge in deinem Leben? / Was sind die drei wichtigsten Dinge in Ihrem Leben?
- Was würdest du heute noch unternehmen, wenn morgen die Welt untergehen würde? Was würden Sie heute noch unternehmen, wenn morgen die Welt untergehen würde?
- Was ist dein Lebensmotto? / Was ist Ihr Lebensmotto?
- Was war der bisher schönste Moment in deinem Leben? / Was war der bisher schönste Moment in Ihrem Leben?

- Was ist das Schönste, das dir in deinem bisherigen Leben passiert ist? / Was ist das Schönste, das Ihnen in Ihrem bisherigen Leben passiert ist?
- Was war heute das Schönste, das dir passiert ist? / Was war heute das Schönste, das Ihnen passiert ist?
- Was war die prägendste Erfahrung in deinem Leben? / Was war die prägendste Erfahrung in Ihrem Leben?
- Was gibt deinem Leben Sinn? / Was gibt Ihrem Leben Sinn?
- Was fällt dir zum Stichwort «Sinn des Lebens» ein? Was fällt Ihnen zum Stichwort «Sinn des Lebens» ein?
- Was macht eine glückliche Beziehung aus?
- Was ist das Geheimnis einer glücklichen Beziehung?
- Was kann man für eine glückliche Beziehung tun?
- Was machst du, wenn du traurig bist? / Was machen Sie, wenn Sie traurig sind?
- Wie gehst du mit Menschen um, die schwierig sind? / Wie gehen Sie mit Menschen um, die schwierig sind?
- Wie kann man eine Freundin / einen Freund glücklich machen?
- Wie kann man eine Partnerin / einen Partner glücklich machen?
- Was ist dein bestes Mittel gegen Stress? / Was ist Ihr bestes Mittel gegen Stress?
- Was wirst du später einmal auf dem Totenbett bereuen? / Was werden Sie später einmal auf dem Totenbett bereuen?
- Was würdest du gerne der Nachwelt hinterlassen? / Was würden Sie gerne der Nachwelt hinterlassen?
- Welchen Ratschlag würden Sie einer 13-Jährigen/einem 13-Jährigen über die Liebe mit auf den Weg geben?
- Welche Dinge im Leben musst du noch/möchtest du noch lernen? / Welche Dinge im Leben müssen Sie/möchten Sie noch lernen?

Weitere mögliche Themen:
- Was ist der Unterschied zwischen Mann und Frau?
- Was ist der Unterschied zwischen Mädchen und Jungen?
- Wie war dein erster Kuss? / Wie war Ihr erster Kuss?
- Für Männer: Was würden sie tun, wenn sie eine Frau wären?
- Für Frauen: Was würden Sie tun, wenn Sie ein Mann wären?
- Was würdest du mit einer Million Euro/Franken machen? / Was würden Sie mit einer Million Euro/Franken machen?
- Was würdest du ändern, wenn du Politiker wärst? / Was würden Sie ändern, wenn Sie Politiker wären?
- Wie können wir das Klimaproblem lösen?
- Was würdest du machen, wenn man nicht mehr mit dem Flugzeug reisen könnte? / Was würden Sie machen, wenn man nicht mehr mit dem Flugzeug reisen könnte?

- Was ist typisch schweizerisch / deutsch / österreichisch?
- Wenn du dein Land verlassen müsstest – wo würdest du hingehen? / Wenn Sie Ihr Land verlassen müssten – wo würden Sie hingehen?
- Was vermissen Sie an Deutschland / an der Schweiz / an Österreich?
- Was würden Sie an Deutschland / an der Schweiz / an Österreich ändern?
- Was bedeutet Heimat für dich? / Was bedeutet Heimat für Sie?
- Was hast du aus der Corona-Pandemie gelernt? / Was haben Sie aus der Corona-Pandemie gelernt?
- Was möchtest du mal werden?
- Was war Ihr Wunschberuf als Kind und was sind Sie geworden?
- Was macht eine gute Lehrperson aus?
- Was hättest du dir gewünscht, von deinen Eltern gelernt zu haben? / Was hätten Sie sich gewünscht, von Ihren Eltern gelernt zu haben?
- Was würdest du an deiner Schule ändern?
- Was würdest du am Schulsystem ändern?
- Welches Schulfach fehlt in der Schule?

Hinweise: Auch der Fragebogen von Max Frisch (1995) kann als Inspiration dienen.

Manchmal müssen die Fragen nach einer ersten Phase des Ausprobierens angepasst werden. Für viele Menschen ist zum Beispiel die Frage «Was ist Ihr Sinn des Lebens?» zu schwierig oder zu persönlich. Ändert man die Frage in «Was fällt Ihnen zum Stichwort *Sinn des Lebens* ein?», können Menschen einfacher antworten. Es ist sinnvoll, die Frage zunächst für sich selbst zu beantworten und dann nahestehende Personen zu fragen.

Am einfachsten kann man Menschen ansprechen, wenn man Orte wählt, an denen sie auf etwas warten müssen.

Man gewinnt die Menschen am ehesten, wenn man kurz den Kontext der Strassenumfrage benennt, deutlich macht, dass es nicht viel Zeit in Anspruch nimmt und transparent ist in Bezug auf Veröffentlichungspläne (z. B. «Guten Tag, wir machen für ein Schulprojekt eine Umfrage zum Thema xy, es dauert nur etwa eine Minute. Es wird nicht im Fernsehen gezeigt, nur innerhalb unserer Gruppe.»)

Video poetry

Die Teilnehmenden werden dazu motiviert, ihre aktuellen Lebensthemen mittels Sprache und bewegten Bildern auszudrücken. Beispiele wie «Vergnügungen» oder «Felicità» (s. S. 39) können dabei eine Orientierung sein. Der Arbeitsprozess kann vom Wort zum Bild gehen oder umgekehrt vom gefilmten Material zum Geschriebenen. Beispiele für Videopoems sind auf http://www.videopoem.ch/ zu finden.
Gina Lamb, eine Medienkünstlerin aus Los Angeles, arbeitete zum Thema Videopoetry mit Jugendlichen, die aus Lateinamerika eingewandert sind (Niesyto 2000). In einer Arbeit – «City of Angels» (Stadt der Engel) thematisiert ein junges Mädchen seine Trauer nach dem Tod einer nahestehenden Person.

Abb. 100: Standbild aus der Videoproduktion «City of Angels» (Gina Lamb)

«Maldito sea el día
En que llegastes con esas noticias.
Nada ni nadie me podría haber preparado
Por lo que dijistes esta noche

«Verdammt sei der Tag
an dem du mit diesen Neuigkeiten
angekommen bist
Nichts und niemand hätte mich
vorbereiten können
Auf das, was du an diesem Abend
gesagt hast

Esperé oir tu carcajada
pero no escuché nada
Lo unico que puedo hacer es esperar en
silencio

Ich habe darauf gehofft,
dein Lachen zu vernehmen,
aber ich habe nichts gehört.
Das Einzige, was ich machen kann,
ist schweigend zu warten.

Ese dia junto con él Murió mi corazón, mi alma y mi alegría	An diesem Tag starben zusammen mit ihm mein Herz, meine Seele und meine Freude
Mi sonrisa esconde mis penas y mis ojos alegres esconden mi dolor de mi corazón	Mein Lächeln verbirgt meine Sorgen und meine glücklichen Augen verstecken meinen Schmerz vor meinem Herzen
Sonriendo al mundo en mi propia reflexión estoy llorando (...)»	Die Welt anlächelnd weine ich in mein eigenes Spiegelbild (...)»

Im Interview mit Horst Niesyto gibt Gina Lamb Einblicke in ihre Arbeit und betont auch den Aspekt der Gruppenarbeit bei Gedichten:

> «HN: Gibt es bei dieser "Video-Poetry" keine Schreibprobleme, z.B. bei Kindern und Jugendlichen aus bildungsmäßig benachteiligten Verhältnissen?
> GL: Nein, denn in Los Angeles besteht die Bevölkerung hauptsächlich aus Latinos, und Schreiben und Dichten ist ein Teil dieser Kultur. Die meisten Jugendlichen, mit denen ich arbeite, schreiben selbst Gedichte in irgendeiner Form, es ist keine fremde Materie. Es ist natürlich manchmal schwierig, die Kinder aus der Reserve zu locken, wenn es darum geht, nicht persönliche Poesie zu verfassen, sondern dies in einem Gruppenprozess entstehen zu lassen. Die Dichter, mit denen ich zusammenarbeite, haben lange Erfahrung im Umgang mit Jugendlichen. Ross Garner beginnt zum Beispiel oft mit einem Gruppengedicht. Er bittet jede Person im Klassenzimmer darum, ein Wort oder einen Satz hinzuzufügen. Wir schreiben so ein ganzes Gedicht an die Tafel und kreieren so gemeinsam Poesie als eine erste Erfahrung. Das nimmt irgendwie die Furcht vor einer öffentlichen Selbstdarstellung. Es gibt da wirklich viele verschiedene Übungen, die man machen kann, die nicht nach dem Muster verlaufen: ‹So, und jetzt schreibe ein Gedicht!›. Wir haben Namensgedichte, Emotionsgedichte, Übungen wie meditatives Schreiben – und die Kids sind ziemlich überrascht, dass sie schöne Dinge hervorbringen.» (Gina Lamb im Interview mit Horst Niesyto (2000)).

Eine Idee für kollaboratives Gedichteschreiben online stammt von Erik Altorfer:

Die Teilnehmenden treffen sich beispielsweise in virtuellen Räumen (Zoom oder Teams) und nutzen den Chat für die Entwicklung eines Textes. Es werden drei Zeilen als Anstoss vorgegeben und die Teilnehmenden reagieren darauf.

Am Ende wird das Kollektivgedicht herauskopiert und von chat-spezifischen Zusatzinformationen bereinigt.

Der Kinderbuchautor Paul Maar (1973) hat in einem seiner Bücher seine Fantasiefigur «Sams» eine Dichtstunde abhalten lassen, in der auch eine ganze Schulklasse zusammen ein Gedicht erstellt.

Die Pädagogische Hochschule Zürich und die Universität ISEAHZ in Zaghouan/Tunesien führten 2020 einen Textwettbewerb durch, bei dem Studierende aus Tunesien u.a. Beiträge in Form von Video-Poetry einreichten. Hier ein Beispiel:
PHZH/ISEAHZ Poetry Slam 2020: Nord-Africaine | North Africain – Oumayma Bahri
https://youtu.be/gQBzz9lYoNY

Abb. 101: «Réciter tes poèmes dans la brise aromatisée par l'odeur du jasmin à minuit.» Standbild aus dem Video Nord-Africaine (Oumayma Bahri)

Stille Post nonverbal (Jasmin Häni & Michelle Liebhard)

In Anlehnung an die «Stille Post» (https://de.wikipedia.org/wiki/Stille_Post), bei der ein Satz von Person zu Person weitergeflüstert und dabei immer wieder anders verstanden und wiederholt wird, arbeitet dieses Projekt mit nonverbaler Kommunikation.

Eine Gruppe von Personen setzt sich in einer U-Form zusammen. Die erste Person am Rand bekommt eine Szene zu lesen und spielt sie der direkt benachbarten zweiten Person vor. Alle anderen schauen weg. Person 2 spielt sie wiederum Person 3 vor und so weiter. Am Ende erklären die Teilnehmenden in umgekehrter Reihenfolge (16-1), was sie mit ihren eigenen pantomimischen Darstellungen verbunden haben.

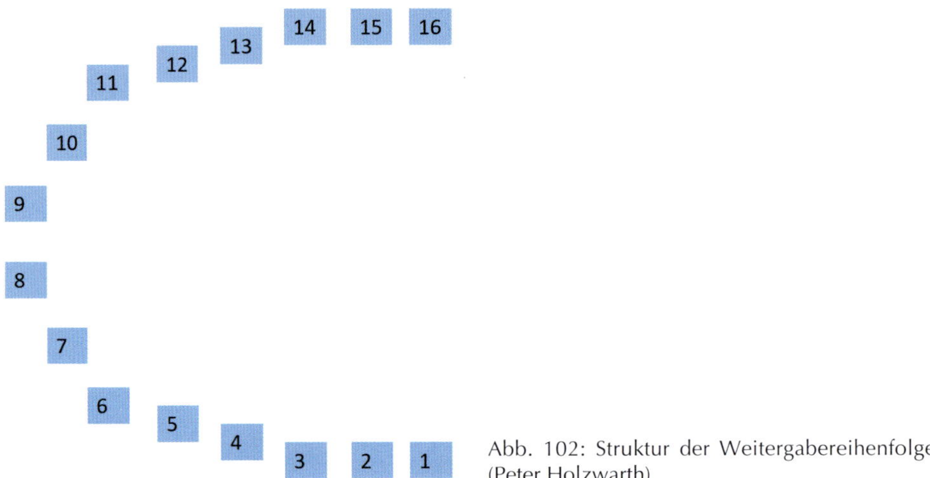

Abb. 102: Struktur der Weitergabereihenfolge (Peter Holzwarth)

Der ganze Vorgang wird mit einer Kamera gefilmt, die fix auf einem Stativ angebracht ist. Am Ende wird die Videoaufnahme gezeigt.

Beispiel einer Szene: Du stehst an der Strasse und wartest auf einen Freund. Du siehst ihn von weitem und winkst. Ein Auto fährt vorbei durch eine Pfütze und spritzt dich nass. Du ärgerst dich. Dann erkennst du, dass die Person, der du gewinkt hast, doch nicht dein Freund war.

«Just-Say-No-Videos» – Nein-Sagen kann man üben

Stressexpertinnen und -experten gehen davon aus, dass das Nein-Sagen eine sehr wichtige Bedeutung hat. Oft sagen wir Ja, wenn wir Nein meinen – weil wir gefallen wollen, weil wir Angst vor Ablehnung haben oder weil wir denken, dass es sich so gehört. Das Aussprechen des Wortes Nein allein wäre kein Problem, es sind die negativen Konsequenzen, die wir befürchten.

Die Teilnehmenden diskutieren in Zweiergruppen über ihre Erfahrungen mit Nein-Sagen und Abgrenzung.

Dann erstellen sie individuell eine Liste mit geläufigen Situationen, in denen man sich abgrenzen muss und eine Liste mit verschiedenen Varianten, Nein zu sagen.

Beispiele für Situationen:

- Ein Mann am Bahnhof fragt dich, ob du Geld für ihn hast.
- In der Fussgängerzone fragt dich ein Mann, ob du Tiere gerne hast. (Es geht um Spenden für eine Tierschutzorganisation.)

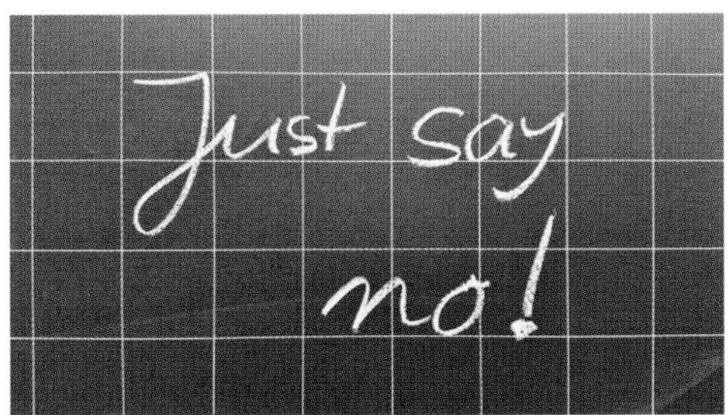

Abb.103: Nicht immer einfach: «Nein-Sagen» (Peter Holzwarth)

- Ein entfernter Bekannter fragt, ob du am Wochenende beim Umzug mithelfen kannst.
- Du musst eine Arbeit fertig machen und Freunde wollen dich abholen, um etwas zu unternehmen.
- Ein Freund klingelt spontan, aber du hast gerade gar keine Lust auf Besuch (z. B., weil du etwas Zeit für dich brauchst).
- Eine Mitschülerin fragt, ob sie schnell deine Hausaufgaben abschreiben darf.
- Eine Mitschülerin fragt, ob sie deine PowerPoint-Präsentation haben darf.
- Ein Arbeitskollege fragt, ob du bei einer Tagung einen Beitrag machen willst.
- Du bist mitten in der Prüfungsvorbereitung. Ein Freund ruft dich an und fragt, ob du ihm bei etwas helfen kannst.
- Der Chef kommt am Freitagnachmittag um 16.30 Uhr mit einem neuen Auftrag und fragt, ob du diesen bis Montagmorgen um 8.00 Uhr machen kannst (es würde bedeuten, dass deine Wochenendpläne nicht umgesetzt werden könnten).
- Es war ein langer anstrengender Tag und du bist kurz davor, ins Bett zu gehen. Deine Freundin bittet dich darum, einen wichtigen Brief durchzulesen und Feedback zu geben.

Beispiele für Arten, Nein zu sagen bzw. sich abzugrenzen:

- «Nein!»
- «Nein, danke!»
- «Ich kann leider nicht.»
- «Es geht leider nicht.»
- «Es passt mir leider nicht.»
- «Ich habe keine Zeit.»
- «Ich bin schon verplant.»
- «Tut mir leid, ich habe...»
- «Tut mir leid, ich muss ... machen.»
- «Tut mir leid, ich habe keine Zeit.»
- «Danke, vielleicht ein anderes Mal.»
- «Ich kann leider wirklich nicht.»

Abb.104: Wichtige Reflexionsfrage: Wofür brauchst du Grenzen? (Peter Holzwarth)

- «Ich brauche noch Zeit zum Nachdenken.»
- «Ich denke darüber nach.»
- «Ich muss zuerst andere Termine klären.»
- «Ich muss es mir noch offenlassen.»
- «Ich werde es mir überlegen.»
- «Jetzt passt es gerade nicht.»
- «Ich bin grade an einer anderen Arbeit, an einem anderen Projekt.»
- «Schreib mir ein E-Mail und wir machen einen Termin ab.»
- «Ich will nicht.»
- «Ich möchte nicht.»
- «Ich kann nicht.»

Jacob & Seebauer haben weitere Varianten formuliert:

> «Ich würde dir wirklich gerne helfen, aber xyz ist mir gerade zu viel. Vielleicht ein andermal!
> Mir ist es zu viel, xyz zu machen. Aber vielleicht würde es helfen, wenn ich bei abc mitmache?
> Das ist sehr verlockend, aber leider bekomme ich es im Moment nicht hin.
> Es freut mich, dass du da an mich denkst, aber diesmal muss ich passen» (Jacob & Seebauer 2020, Karte 66).

Die Teilnehmenden tauschen ihre Listen aus und ergänzen.

Die Zweiergruppen stellen eine Kamera auf (z. B. Handykamera) und spielen und filmen kurze Dialoge, in denen Person A von B etwas will und B sich abgrenzen muss.

Jede Zweiergruppe wählt einen Film aus, der im Plenum gezeigt und diskutiert werden soll.

Eine Variante kann darin bestehen, erst eine Ja-Version (ohne Abgrenzung) zu spielen und dann eine Nein-Version (mit Abgrenzung).

Reflexionsimpulse:

- Welches sind Situationen, in denen man Nein sagen will und es gelingt einem relativ gut? Was ist spezifisch an diesen Situationen? Ist es z. B. das Thema oder das Verhältnis zu der beteiligten Person?
- Welches sind Situationen, in denen man etwas Unangenehmes ablehnen will, aber man hat ein Gefühl der Verpflichtung?
- Welches sind Situationen, in denen man gerne Ja sagen will, weil es für einen selbst spannend ist, aber man weiss, dass man zu wenig Zeit und Energie hat und man Probleme bekommen kann?
- Bei welchen Situationen ist es von Vorteil, mehr Zeit zum Überlegen zu bekommen?
- Welche Art des Nein-Sagens ist besonders höflich und hilft allen Beteiligten, das Gesicht zu wahren?
- Gibt es Situationen, in denen man nicht Nein sagen sollte?
- Ist bei medienvermittelten Anfragen (z. B. E-Mail, SMS) Nicht-Reagieren eine Option? Wann ist Nicht-Reagieren eine Option, wann nicht?
- Wie sind sogenannte Notlügen (engl.: white lies) ethisch zu bewerten?

Jeder Wurf ein Treffer? Wie Filme lügen können...

Basketballwürfe werden aus verschiedenen Perspektiven gefilmt, später werden alle Treffer zusammengeschnitten, um zu verdeutlichen, dass ein Film suggerieren kann, dass eine Person immer nur Treffer erzielt. Dieses Phänomen kann auf andere Medienkontexte übertragen werden (z. B. Strassenumfragen, in denen selektiv immer nur negative Aussagen über eine soziale Gruppe zusammengeschnitten werden).

Abb. 105: Mit Videoschnitt kann man die Nicht-Treffer verschwinden lassen. (Peter Holzwarth)

Werbeclips analysieren und produzieren

Die Produktion eines Werbeclips kann verschiedene Funktionen haben:

- Es geht darum, die Machart von Werbung zu durchschauen.
- Es geht darum, ein Angebot der Teilnehmenden zu bewerben.
- Es geht darum, Werbung zu kritisieren und zu parodieren (s. unten).

Typen von Werbeclips

Zunächst ist es sinnvoll, sich verschiedene Typen von Werbeclips vor Augen zu führen und zu überlegen, an welcher Art man sich selbst orientieren will. Auf YouTube können Beispiele angeschaut und analysiert werden.

- Vorzüge des Produktes werden von einer Expertin/einem Experten erklärt (z. B. ein Zahnmediziner im weissen Kittel erklärt die Wirkung einer Zahnpasta und benutzt dabei Visualisierungen oder Diagramme).
- Zufriedenheit mit einem Produkt wird von einer Nutzerin/einem Nutzer zum Ausdruck gebracht.
- Ein Produkt zum Essen oder zum Trinken wird vor laufender Kamera genossen und es wird eine nonverbale Reaktion auf den Genuss gezeigt.
- Zwei Personen (Mann und Frau) präsentieren und erklären das Produkt wie in einer Verkaufsshow (vgl. Teleshopping).
- Eine Handlung wird erzählt, bei der das Produkt ein Problem löst (z. B. eine Familie in den Ferien am Strand: Die Mutter will die Kinder aus dem Wasser bekommen und bietet ihnen Kekse an. Oder: Ein Mann ist allein und findet dank des Produktes eine Partnerin).
- Handlung wird erzählt (ohne Produkt als Lösung)
- Assoziative Bilder ohne Handlung (Livestyle im Vordergrund)

- Werbung mit kurzen sozialen Konstellationen, die Werte zum Ausdruck bringen
- Beworbenes Produkt wird bewusst übertrieben positiv dargestellt.
- Beworbenes Produkt kommt erst ganz am Ende ins Spiel.
- Mischformen

Fragen zur Aussageabsicht

- Welche Zielgruppe soll angesprochen werden (Alter, sozio-kultureller Hintergrund, Geschlecht)?
- Welches Lebensgefühl soll das Video ausdrücken?
- Welche Werte sollen zum Ausdruck kommen?
- Welche Botschaft soll zum Ausdruck kommen?

Merkmale von Werbeclips

- Kurze Dauer
- Häufig schnelle Schnittfrequenz
- Menschen werden oft von nahe gefilmt, so dass die positiven Emotionen und die Begeisterung für das Produkt sichtbar werden.
- Unterhaltsamer Inhalt
- Häufig mit Musik unterlegt, die Aufmerksamkeit generieren soll
- Das Produkt wird mit positiven Merkmalen vorgestellt.
- Das Produkt wird häufig mit positiven Werten assoziiert (z. B. die Käuferin/der Käufer des Produktes wird attraktiv, beliebt, anerkannt geliebt etc.).

Fragen zur Reflexion der eigenen Werbekompetenz

Die folgenden Fragen können für Teilnehmende eines Medienworkshops genutzt werden, aber auch für die Veranstalter als Selbstreflexion und Vorbereitung einer Einheit zum Thema Werbung:

- Kann ich Werbung von anderen Kommunikationsformen unterscheiden (z. B. auch dann, wenn Werbung in einer Zeitschrift aussieht wie ein redaktioneller Beitrag? Auch wenn Werbung in einem Spielfilm oder sonstigen Film platziert wird: Product Placement)?
- Kann ich die Intentionen der Werbeschaffenden durchschauen (z. B. Angst vor Zahnausfall erzeugen und Zahnpflegeprodukt anbieten, Angst vor teurer Rechnung der Waschmaschine erzeugen und kalklösendes Pflegemittel anbieten)?
- Kann ich die Mittel und Muster erkennen, mit denen in der Werbung gearbeitet wird (z. B. Produkt löst Problem, Produkt wird mit Werten wie Liebe, Freiheit, Befreiung von Konventionen etc. assoziiert)?
- Was sind meine Bedürfnisse (z. B. Selbstverwirklichung, Sinnhaftigkeit, Liebe, Sexualität, passender Partner, Anerkennung, Bildung, Gesundheit, Ernährung, Zeit für sich selbst haben, Kinder, Familienglück, Zufriedenheit, Freundschaften,

Reisen, sich verwöhnen)? Welche meiner Bedürfnisse können über den Kauf von Produkten befriedigt werden?

- In welchen Lebensbereichen bin ich empfänglich für bestimmte Werbeversprechen? Welche Gefühle und Sehnsüchte können bei mir angesprochen werden (z. B. reich sein, berühmt sein, reisen können, begehrt werden, geliebt werden, viele Freunde haben, viele Partner haben, Ausbrechen aus dem Schulalltag bzw. Berufsalltag, jung bleiben, gesund werden, glückliche Partnerschaft, glückliche Familie)?
- Welche Versprechen der Werbung können gehalten werden, welche nicht (z. B. die Wäsche wird besonders sauber vs. durch den Kauf und die Anwendung eines Parfüms werden sich mir viele potenzielle Partner zuwenden)?
- Habe ich schon einmal etwas gekauft und mich dann über das nicht haltbare Produktversprechen geärgert?
- Habe ich schon einmal etwas gekauft, was ich gar nicht gebraucht hätte?
- Habe ich schon einmal etwas gekauft und dann nie ausgepackt, nie benutzt oder nie angezogen?
- Gibt es Bereiche, in denen Werbung potenziell negative Auswirkungen für mich haben kann (z. B. Frustration durch soziale Vergleiche mit Werbemodels, Unzufriedenheit mit dem eigenen Körper, Frustration in Bezug auf Produkte, die man sich nicht leisten kann, Frustration in Bezug auf Lebensgefühle, die unerreichbar sind, Frustration, weil Kinder sagen: «Alle in meiner Klasse haben Produkt xy»)?
- Welche Bedeutung hat Werbung für mich, unabhängig von eigenen Kaufinteressen (z. B. Werbung als Unterhaltung, sich mit anderen über Werbung unterhalten, sich über Werbung lustig machen, Werbung raten im Zusammenhang mit Kommunikationsformen, bei denen das Produkt nicht gleich gezeigt wird, Werbung als Ausdruck aktueller gesellschaftlicher Themen, Werbung als Kunst, intertextuelle Bezüge in Werbungen, Werbung als Produktinformation – ohne Anspruch auf Objektivität)?

Hinweis: Werbung ist nicht per se gut oder per se schlecht. Folgende Unterscheidung kann sinnvoll sein:

- Werbung für ein wichtiges gesellschaftliches Anliegen (z. B. auf Alkohol im Strassenverkehr verzichten, Fahrradhelme tragen, Masken tragen in Pandemie-Zeiten)
- Werbung für Institutionen, die Hilfe leisten wollen (z. B. Ärzte ohne Grenzen)
- Werbung für eigene Angebote (z. B. Theaterstück an der Schule, Fotoausstellung im Jugendzentrum)
- Werbung, die weder gesellschaftlich besonders nützt oder schadet (z. B. Mineralwasser xy)
- Werbung für problematische Produkte (z. B. Pelzmäntel, energieineffiziente Autos)

- Problematische Werbung in Bezug auf die Darstellung (z. B. auf frauenverachtende Art und Weise mit nackter Haut für ein Produkt werben, problematische Schönheitsideale, Minderheiten oder bestimmte ethnische Gruppen lächerlich machen)

Karikatur von Werbeclips im Sinne von Adbusting

> «Die Betrachterin/Käuferin wird dazu veranlasst, sich selbst als diejenige zu beneiden, die sie sein wird, wenn sie ein bestimmtes Produkt kauft. (…). Das Reklamebild stiehlt ihr die positive Einschätzung ihres Selbst, ihr Selbstvertrauen, um es ihr gegen den Preis der Ware wieder anzubieten.»
> (Berger 1996, S. 127)

Die Teilnehmenden beschäftigen sich mit kritischen Aspekten in Bezug auf Werbung und Werbeprodukte. Sie produzieren einen eigenen Werbeclip, der eine Karikatur zu einer bereits bestehenden Werbung darstellt. Adbusting (vgl. Holzwarth 2011) stellt eine kulturelle Praxis dar, bei der Werbeplakate im Sinne einer Karikatur auf Bild- oder Textebene verändert werden (ad: advertisement; busting: kaputt gehen, auffliegen lassen). Dieses Prinzip kann auch auf Werbeclips angewendet werden.

Ein möglicher Einstieg kann darin bestehen, mit den Teilnehmenden das Lied «Farbfoto» von Mannie Matter zu hören und zu analysieren. Er kritisiert, dass einem das eigene Leben aufgrund der Werbebotschaft als mangelhaft erscheinen soll. Es wird einem nahe gelegt, dass durch den Kauf und die Nutzung des Produktes der Mangel kompensiert werden soll und dass man Glück kaufen kann:

> «Uf dere Farbfoto gseht men e Gutsche wo fahrt amne Abe am Meer,
> Drin sitzt es bildhübsches Mannequin, dernäbe, der Arm um ihns gschlungen e Herr.
> D'Stärne schyne vom tiefblaue Himmel drufabe, und undedra steit:
> Ds Glück sigi das und es Glas vomne Liqueur, i weiss nümme wie men ihm seit.
> I bi bis jitz nume sälte am Aben i Gutsche ga fahre am Meer.
> Bi mit kem Mannequin befründet und Liqueur, das schetzen i nid eso sehr.
> Aber sitdäm i die Foto ha gseh, und ha gläse was undedra steit,
> Weiss i was mir i mim truurige Läbe doch eigentlech alles entgeit.
> Mietet drum Dir wo mit Mannequins bekannt sit, e Gutschen am Beste no hüt.
> Fahret a ds Meer wen es Abe wird, nähmet dä Liqueur und ds Liqueurglas mit.
> Denn üses mönschleche Läbe uf Ärde, das müesst Dir doch zuegäh, isch mies
> Und we me weiss wo me ds Glück cha ga finge, de fragt me doch nid nach em Pris.»

«Auf diesem Farbfoto sieht man eine Kutsche, die an einem Abend am Meer entlangfährt.
Darin sitzt ein bildschönes Mannequin, daneben ein Herr, der es in den Arm geschlossen hat.
Die Sterne leuchten vom tiefblauen Himmel herunter und unten steht, dies sei das Glück und ein Glas von einem Likör, ich weiss nicht mehr genau, wie er heisst.
Ich bin bisher nur selten am Abend am Meer in einer Kutsche gefahren.
Ich bin mit keinem Mannequin befreundet und Likör schätze ich nicht allzu sehr.
Aber seitdem ich das Foto gesehen habe und gelesen habe, was darunter steht, weiss ich, was mir in meinem traurigen Leben alles entgeht.
Mietet euch daher, die ihr mit Mannequins befreundet seid, eine Kutsche am besten noch heute.
Fahrt ans Meer, wenn es Abend wird, nehmt den Likör und das Likörglas mit.
Denn unser menschliches Leben auf Erden, das müsst ihr zugeben, ist mies.
Und wenn man weiss, wo man das Glück finden kann, dann fragt man doch nicht nach dem Preis.»

Die Teilnehmenden schauen ein paar Beispielwerbeclips an und sammeln zum Thema mögliche Gründe für Kritik an Werbung bzw. Werbeclips. Dabei können auf Zuruf kritisierenswerte Beispiele der Teilnehmenden auf YouTube angesehen werden.

Mögliche Gründe für Kritik:

- Für Produkte werben, die die Umwelt schädigen
- Für Produkte werben, die den produzierenden Menschen schaden
- Für Produkte werben, die der Gesundheit schaden
- Werbung, die Unzufriedenheit mit dem eigenen Körper fördern können (Schönheitsideale, Schlankheitsideale)
- Werbung, die allgemeine Unzufriedenheit fördert
- Werbung, die falsche Versprechen macht (z. B. Creme gegen Hautalterung)
- Werbung, die auf humorvolle Art und Weise falsche Versprechungen macht (z. B. Deo für Männer, das extrem viele Frauen anzieht)
- Werbung, die bestimmte Menschengruppen beleidigt
- Werbung, die Frauen im Sinne von Sexismus beleidigt
- Werbung, die suggeriert, dass das Produkt im kausalen Sinn glücklich macht

Beispiele:
https://youtu.be/BNraWYCVfeQ (verschiedene Werbekarikaturen)
https://youtu.be/Cr2qZ8BtIJY (verschiedene Werbekarikaturen)
https://youtu.be/pFp5nOSqiN4 (Karikatur Deutschländer)
https://youtu.be/MOPxjxaveQM (Karikatur Deutschländer)
https://youtu.be/Lj0sTvD1psY (Karikatur Deutschländer)
https://youtu.be/RObrtPaqUoY (Deutschländer original)

Hinweis: Viele dieser Werbekarikaturen im Internet sind nicht für Kinder geeignet.

Möglichkeiten der Parodie:

- Werbung in einer eigenen veränderten Version nachspielen, ohne das Originalmaterial zu verwenden
- Originalmaterial verwenden und abändern
- Bildebene lassen und einen anderen selbst gesprochenen Text als Voice-over darüber machen
- Bildebene lassen und einen anderen bereits bestehenden Text an bestimmten Stellen darüber schneiden
- Video und Audio unverändert lassen und die Bedeutung durch Schnitte verändern
- Audio lassen und an bestimmten Stellen eigenes Videomaterial einfügen
- Audio lassen und an bestimmten Stellen bereits bestehendes Videomaterial einfügen

Lieblingsspielzeug bewerben (Lina Sauter)

Kinder bzw. Jugendliche stellen vor laufender Kamera ihr Lieblingsspielzeug im Sinne einer Werbung vor.

Zuvor kann thematisiert werden, welche Eigenschaften Werbung normalerweise hat (z. B. nur positive Eigenschaften bringen, tendenziell die positiven Eigenschaften übertrieben darstellen, anregende Musik, glückliche Personen).

Film aus Sekundenimpressionen

Das Youtube-Video «The Pacific Crest Trail in Three Minutes» (https://youtu.be/styiDn7YKhE) zeigt eine Wanderung von Mexiko nach Kanada in drei Minuten, wobei von jedem Tag ca. zwei Sekunden gezeigt werden. Dieses Video kann als Inspiration für ähnliche Filme dienen.

Buchtrailer (Björn Maurer)

Ein Filmtrailer soll den potenziellen Zuschauerinnen und Zuschauern Lust machen, einen Film zu schauen. Ein Buchtrailer hat die gleiche Funktion bezogen auf ein Buch.

Maurer (2013) unterscheidet folgende vier Formen: das Leser/-innen-Interview, den iMovie-Trailer, den szenischen Trailer und den Plansequenz-Trailer.

- Das Leser/-innen-Interview: Menschen, die das Buch schon gelesen haben, äussern sich zu ihrer Leseerfahrung.
- Der iMovie-Trailer: In Anlehnung an professionelle Filmtrailer bietet das Schnittprogramm iMovie eine Struktur für Trailer an, die mit Text und Filmmaterial gefüllt werden kann.
- Der szenische Trailer: Eine Situation aus dem Buch wird nachgespielt und gefilmt.
- Der Plansequenz-Trailer: In einem Durchgang (ohne Schnitte) werden vorher hergestellte Zeichnungen und Texttafeln zum Buch abgefilmt.

Bilderbuchvertonung (Bilderbuch mit Text und Ton)

Die Teilnehmenden wählen ein Bilderbuch oder Kinderbuch aus. Die Seiten werden sorgfältig abfotografiert und in ein Videoschnittprogramm integriert.

In eigenen Worten werden die Buchseiten kommentiert, auch Geräusche können hinzugefügt werden. Wenn es sich anbietet, kann auch der Begleittext vorgelesen werden.

Videoadventskalender (Jessica Munsch)

Die Teilnehmenden produzieren 24 kurze Videoclips, die dann ab dem 1. Dezember der Gruppe als Überraschung präsentiert werden. Bei weniger als 24 Teilnehmenden kann entsprechend später im Dezember begonnen werden.

Musikvideos ohne Schnitt

Die Teilnehmenden spielen ihre Lieblingsmusik laut ab (z. B. via Notebook oder Handy mit Boombox oder CD-Player) und bewegen sich dazu vor laufender Kamera (fixe Einstellung auf dem Stativ oder Handkamera, die durch eine weitere Person geführt wird). Es könnten dabei auch Verkleidungen eine Rolle spielen (Kleidung, Perücken etc.) oder selbst gemachte oder vorgefundene Objekte (z. B. Gitarre aus Pappe, Objekt als Mikrofon, Tisch als Keyboard).

Es kann je nach Geschmack auch eine Kameravideoeffekt eingestellt werden.

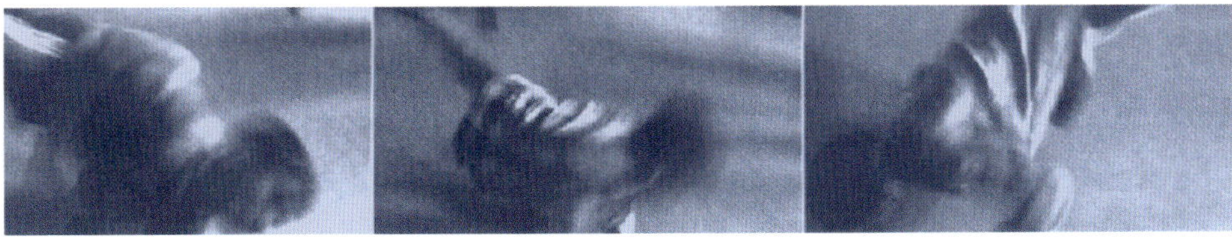

Abb. 106: Standbilder aus einem Musikvideo ohne Schnitt (Projekt CHICAM)

Musikvideos mit Schnitt

Die Teilnehmenden suchen sich ihre Lieblingsmusik aus oder nehmen selbst ein Musikstück auf. Zur Musik werden assoziativ Videosequenzen gefilmt, die mit Hilfe eines Videoschnittprogramms mit der Musik verbunden werden. Indem auf eine narrative Spielhandlung verzichtet wird, vereinfacht sich der Produktionsprozess. Eine assoziative Montage erfordert weniger Aufwand. Es kann ein spannender Effekt erzielt werden, wenn das Erscheinen von neuen Bildsequenzen im Takt der Musik erfolgt.

Je nach Wunsch können auch narrative Elemente gewählt werden. Hilfreich ist das folgende Muster:

1. Heldin oder Held wird vorgestellt (Einführung)
2. Heldin oder Held bekommt ein Problem oder eine Aufgabe zu lösen (Problem/Konflikt)
3. Heldin oder Held löst das Problem auf unvorhergesehene Art und Weise (Lösung)

Einführung	Problem/Konflikt	Lösung
Wer ist deine Hauptperson?	Was für ein Problem muss die Hauptperson lösen? Welche Aufgabe muss sie erfüllen? Wodurch wird das Problem ausgelöst?	Welche unerwartete Lösung findet die Hautperson (möglicherweise mit Hilfe von anderen Personen)?

Zur Einstimmung können vorher verschiedene bereits bestehende professionelle Musikvideos via YouTube angeschaut und analysiert werden.

Häufige Elemente eines Musikvideos

- Musikerinnen und Musiker in Aktion inszeniert
- Musikerinnen und Musiker in Aktion bei Liveperformance
- Handlung wird erzählt, passend zum Liedtext
- Handlung wird erzählt, unabhängig vom Liedtext

- Assoziative Bilder ohne Handlung
- Musikerinnen und Musiker als Schauspieler
- Szenen aus Spielfilmen
- Mischformen

Hinweis: Aus rechtlichen Gründen sind nur Musikvideos mit eigener, selbst gemachter Musik unbedenklich.

Vertical Videos – Videoinspirationen aus Instagram-Reels und TikTok

In letzter Zeit sind Kurzfilme im Hochformat (Instagram, TikTok etc.) immer populärer geworden, und es hat sich eine vielfältige Filmpraxis entwickelt, bei der es bei weitem nicht nur um Mode, Schönheitsideale, Schlankheitsideale und Sexualisierung geht.

Manche Kurzfilme können als Inspiration für medienpädagogische Filmarbeit dienen. Die folgenden Beispiele zeigen verschiedene pädagogisch relevante Themen auf: die Wahrnehmung des eigenen Körpers, der Weg zur selbstbewussten Körpersprache, Selbstwertschätzung, Kritik an fehlendem Bewusstsein für Mehrfachzugehörigkeit, Reflexionen über die Norm, glücklich sein zu müssen und globale Ungerechtigkeit.

Inspiration kann bedeuten, mit hochformatigen Filmen in den entsprechenden Apps zu arbeiten oder im klassischen Querformat ohne Veröffentlichung auf Social Media wie TikTok oder Instagram. Ist eine Online-Veröffentlichung gewünscht, kann auf YouTube oder Vimeo zurückgegriffen werden.

«You are powerful» – selbstbewusste Körperhaltungen
(https://www.instagram.com/rosaliexfeminist/reels/)
Eine junge Frau in Jeans, T-Shirt und Jackett ist in verschiedenen Körperhaltungen zu sehen.

Eine Schüchternheit ausdrückende und wenig Raum einnehmende Haltung ist kommentiert mit den Worten: «HOW I USED TO STAND». Eine selbstbewusste, raumeinnehmende Haltung, mit Armen in den Hüften, ist mit den Worten «VS HOW I STAND NOW» versehen.

Eine raumeinnehmende Sitzhaltung trägt den Kommentar «YOU ARE POWERFUL. TAKE UP SPACE. MAKE YOURSELF HEARD».

Hier wird die Geschichte einer Wandlung erzählt – von Schüchternheit zum selbstbewussten Auftreten. Das Video könnte als Inspiration verstanden werden, Mut zu fassen und mehr Raum für sich zu beanspruchen – auch im übertragenen Sinn.

«Oh my God!» – Körperselbstwahrnehmung: vom Problem zur Chance
(https://www.instagram.com/elledaisies/reels/)
Eine sitzende, junge Frau zeigt ihren Körper, der nicht dem gängigen Schlankheitsideal entspricht und kommentiert «Oh my God!» in einem verzweifelten und traurigen Tonfall. Eingeblendet ist der Text «How I felt about my thighs 2010» («Wie ich mich 2010 mit meinen Oberschenkeln gefühlt habe»). Darauf folgt eine ähnliche Darstellung desselben Körpers mit der Einblendung «How I felt about my thighs 2021» («Wie ich mich 2021 mit meinen Oberschenkeln gefühlt habe»). Der Kommentar «Oh my God!» ist dieses Mal in einem anderen Tonfall gesprochen. Es kommen eher Stolz und ein Bewusstsein für das eigene Potenzial zum Ausdruck.

Das Video erzählt gewissermassen die Geschichte einer Umdeutung – von der Problemperspektive zur Ressourcenperspektive. Möglicherweise könnten sich auch andere Personen von dieser Art der Umdeutung inspirieren lassen.

«I WANNA THANK ME FOR BELIEVING IN ME» – Selbstwertschätzung
(https://www.instagram.com/balanced_boss_babe/reels/)
Eine junge Frau bewegt sich im Zeitraffer zum Liedtext «I Wanna Thank Me» von Snoop Dogg. Die folgenden Worte werden nacheinander eingeblendet bzw. sind zu hören:

«LAST BUT NOT LEAST»
«I WANNA THANK ME»
(«CELEBRATE YO`SELF!!! »)
«I WANNA THANK ME FOR BELIEVING IN ME»
«I WANNA THANK ME FOR DOING ALL THIS HARD WORK»
(«IF YOU DON`T BELIEVE IN YOURSELF WHO WILL?»)

Das Video macht den ungewöhnlichen Vorschlag, sich selbst zu danken und die eigenen Leistungen zu würdigen.

«Du bist kein Deutscher» – problematische Mehrfachzugehörigkeit
(https://www.instagram.com/rioqs/reels/)
Ein junger Mann zeigt sich selbst in einem gespielten Dialog mit Menschen, die seine Herkunft kommentieren. Er spielt dabei sich selbst ohne digitalen Effekt und die anderen mit einem digitalem Effekt, der das Gesicht verzerrt.

«Ich als Ausländer in Deutschland»
«Du bist kein Deutscher»
«Ich in meiner Heimat»
«Du bist Deutscher»
Identitätskrise

Hier wird eine Erfahrung kreativ, humorvoll und kritisch zum Ausdruck gebracht, die viele Menschen mit Mehrfachzugehörigkeit empfinden: Viele gesellschaftliche Kontexte sind (noch) nicht offen für ein «Sowohl-als-Auch».

«Kein Mensch ist immer glücklich» – Videogedicht über das «Glücklichseinmüssen»
(https://www.instagram.com/denkmallaut/reels/)
Verschiedene kurze Filmsequenzen (Frau trinkt aus Kaffeetasse, Strassenszenen, Schatten eines Fahrrads, Regenbogen) erscheinen assoziativ aneinandergeschnitten und mit Musik unterlegt. Aus dem Off wird ein Gedicht vorgelesen:

> «Irgendwie denken wir doch immer, wir müssten glücklich sein»
> «Und wenn wir's nicht sind, dann stimmt etwas nicht»
> «Aber vielleicht stimmt genau das nicht»
> «Nicht glücklich zu sein ist normal»
> «Kein Mensch ist immer glücklich»
> «Unglücklich Sein gehört zum Menschsein dazu»

Das Video ist inhaltlich spannend, weil es den Vorschlag macht, «Glücksstress» (Wilhelm Schmid (2012, S. 64) zu reduzieren. Das Format ist offen für unterschiedlichste Themen. Man kann vom Gedicht zum Filmmaterial gelangen oder sich von assoziativ gefilmten Bildern zu einem Text inspirieren lassen (Vgl. Video poetry S. 113).

«Hast du gewusst, dass Geld auch Menschenleben kaufen kann?» – Poetry-Slam-Videos
(https://www.instagram.com/sarahmariepoetry/reels/)
Im Film ist eine Frau zu sehen, die im Poetry-Slam-Stil einen Text performt. Teile des Textes werden auch im unteren Bereich eingeblendet. Es läuft auch leise Musik im Hintergrund.

> «Alle rappen über Scheine
> Ziehn sich goldene Ketten an.
> Funfact: Hast du gewusst, dass Geld auch Menschenleben kaufen kann?
> Zähl mit mir für Fünfzig, Zwanzig und ´n Zehner
> Gehört ein Mensch ganz dir.
> 80 Euro auf die Hand das ist so günstig dass man – ist der Sklave mal krank – lieber einen neuen kauft als Geld für Medizin zu sparen.
> Weltweit leben jetzt gerade mehr als 40 Millionen Menschen in Sklaverei gefangen.
> Das sind mehr als je zuvor
> Und wenn du denkst, das ginge dich nichts an
> Dann machst du dir was vor»

Das Beispiel zeigt, dass Kurzfilme auf Social Media auch sehr ernste und gesellschaftskritische Themen zum Gegenstand haben können. Das Format Poetry-Slam-Video ist anspruchsvoller als Videogedichte, weil der Text in einem bestimmten Flow gelesen wird.

Kurzfilme können auch als Inspiration für filmästhetische Aspekte dienen. In manchen der Filme werden filmästhetische Möglichkeiten aufgezeigt, die sich für medienpädagogische Projekte nutzen lassen (z. B. Handy mit Klebestreifen an Autofelge fixieren und sich neben dem Auto herlaufend filmen lassen, Handy an Ventilator anbringen, Unterwasseraufnahmen mit dem Handy in einem Glas, Rückwärtseffekte, Greenscreen).

Abb. 107: Handy mit Gesundheitswarnung (Nadine Hugi (Borer / Holzwarth / Weidinger 2020, S. 57))

Reflexion über Medien – Reflexion mit Medien

Das Smartphone smarter nutzen: Ideen für die Regulierung und Optimierung der eigenen Handynutzung

«In den sozialen Medien gibt es immer jemand, der mehr Likes hat als man selbst oder weniger – man vergleicht ganz automatisch.»
(…)
«Auf Instagram sieht man, was andere am Wochenende gemacht haben und fragt sich: Warum war ich nicht eingeladen? Man vergleicht eben auch die Freizeitaktivitäten»
SRF-Dokfilm «Smartphones – Die dunkle Seite: Machen Smartphones süchtig?», 2019 (Mathew Hill & Hilary Anderson)

Viele Menschen sind nicht zufrieden mit ihrer eigenen Handynutzung (vgl. Newport 2019, Orlowski 2020, Eidenbenz 2021). Sie fühlen sich zum Beispiel von der Fülle der Handyfunktionen überfordert. Sie haben das Gefühl, ständig reagieren zu müssen, zu viel Zeit zu verlieren oder greifen reflexartig zum Handy, ohne einen bestimmten Nutzungswunsch. Sie sind zu oft am Handy, sie wollen nur A erledigen und nutzen dann auch noch B, C und D und machen Dinge am Handy, die sie nicht richtig erfüllen oder fragen sich sogar, ob sie süchtig sind.

Die folgende Tabelle enthält Ideen für die Regulierung und Optimierung der eigenen Handynutzung.

	Mache ich schon!	**Gute Idee! Werde ich machen!**	**Könnte ich mir vorstellen zu tun…**	**Kommt für mich nicht in Frage!**
1. Handy lautlos stellen				
2. Handy auf Vibration stellen				
3. Handy auf Flugmodus stellen				
4. Handy mit dem Display nach unten hinlegen				
5. Handy schwarz-weiss einstellen (um das Handy unattraktiver zu machen)				
6. Handy in der Tasche lassen				
7. Handy phasenweise ganz ausschalten				
8. Handy weglegen, um sich auf eine andere Aktivität zu konzentrieren				
9. Handy vor dem Schlafengehen ausserhalb des Bettes deponieren				

10. Handy vor dem Schlafengehen ausserhalb des Schlafzimmers deponieren				
11. Wecker verwenden, um sich von der Weckfunktion des Handys unabhängig zu machen (und um nicht gleich nach dem Aufwachen am Handy zu sein)				
12. Das Handy zu bestimmten Anlässen nicht mitnehmen				
13. Beim Filmeschauen am TV oder Computer auf das Handy als Second Screen verzichten (um sich voll auf eine Sache einlassen zu können)				
14. Eine Prepaid-Karte haben und Internet nur nutzen, wenn es WLAN gibt				
15. Benachrichtigungen deaktivieren (um sich nicht ablenken zu lassen)				
16. Bei Kommunikations-Apps den Hinweis, dass die Nachricht für den Empfänger gelesen wurde, deaktivieren (um weniger Druck beim Beantworten zu empfinden)				
17. Apps löschen, die zu wenig bereichern				
18. App nutzen, die eine Reflexion der eigenen Handynutzungszeiten ermöglicht (z. B. «Bildschirmzeit», «Digital Wellbeing»)				
19. Bestimmten Angebote auf Social Media nicht mehr folgen – z. B. Beauty-Expertin nicht mehr abonnieren/«entfreunden» (um z. B. negativ ausfallende soziale Vergleiche zu minimieren)				
20. Bewusst Angebote abonnieren, die die eigene Entwicklung positiv beeinflussen (z. B. Angebote zum Thema Gesundheit, Lebenskunst, kreative Gestaltung oder Stressreduktion)				
21. Sich Zeitlimits für die Handynutzung setzen				

22. Zeitlimits für Apps am Handy einstellen (App-Timer, Konzentrationsmodus bzw. App-Limits).				
23. Apps anders nutzen (z. B. bei Instagram Bilder ästhetisch verändern, ohne sie zu posten)				
24. Bestimmte Programme oder Apps nur noch auf dem Computer nutzen und nicht mehr auf dem Handy				
25. Anwendungen via Browser nutzen, anstelle der Apps				
26. Apps, die oft ablenken, in einen Ordner verstauen oder sie weiter weg vom Startbildschirm platzieren				
27. Bewusst kein Smartphone nutzen, sondern ein Handymodell, mit dem man nur telefonieren und SMS schreiben kann				
28. Armbanduhr benutzen, um die Nutzung des Handys für das Ablesen der Uhrzeit zu vermeiden				
29. Eine Weile auf das Handy verzichten (kürzere Zeit im Sinne von Intervallfasten oder längere Zeit im Sinne von Digital Detox)				
30. Bewusst gar kein Handy nutzen				
31. Mit Kommunikationspartnern besprechen und aushandeln, welche Art von Erreichbarkeit gewünscht ist und in welchen Zeitintervallen Antworten erwartbar sind.				

Abb. 108: Checkliste «Das Smartphone smarter nutzen» (Peter Holzwarth)

Umgang mit (Medien-)Stress (vgl. Holzwarth 2019)

«Man darf nie an die ganze Straße auf einmal denken, verstehst du? Man muß nur an den nächsten Schritt denken, an den nächsten Atemzug, an den nächsten Besenstrich. Und immer wieder nur an den nächsten.»
Beppo Strassenkehrer in «Momo» (Michael Ende 1993, S. 37)

«Die gesundheitlichen Folgen von andauerndem Stress sind hinlänglich bekannt. Stress führt zu einer stärkeren Krankheitsanfälligkeit und mehr somatischen und psychischen Problemen: Schlafproblemen, Verdauungsstörungen, Herz-Kreislauf-Beschwerden, genereller Lustlosigkeit und Energiemangel bis hin zu Depression, Unsicherheiten, Ängsten oder Burnout.»
(Bodenmann 2016, S. 108)

«Um dem Zusammenbruch zu entgehen, rennen sie wie besessen dem Glück hinterher, daher dessen stetige Beschwörung. So entsteht ein weiterer Stress, der Glücksstress. Die Menschen sind bereit, alles für ihr Glück zu tun, ohne zu bemerken, wie gerade dies sie alle Kräfte kostet.»
(Schmid 2012, S. 64 f.)

Es wird immer wieder betont, dass die Reaktion des menschlichen Körpers auf Stress ein normales und an sich nützliches Phänomen darstellt. Bereits unsere Vorfahren bekamen in Bedrohungssituationen durch eine Stressreaktion die notwendigen körperlichen Ressourcen zur Verfügung gestellt, um kämpfen oder fliehen zu können (Adrenalin und Kortisol). In diesem Sinn war die Stressreaktion notwendig für das Überleben. Danach – nach dem Kämpfen oder Fliehen – konnte der Mensch sich normalerweise erholen und die Stoffe bauten sich wieder ab.

In der heutigen Zeit besteht für manche Lebens- und Arbeitsformen die Gefahr, dass die Stressreize so dicht aufeinanderfolgen, dass keine Erholungsphasen mehr möglich sind. Stresshormone können nicht wie vorgesehen abgebaut werden und es können Phänomene wie Lustlosigkeit, Energiemangel erhöhte Krankheitsanfälligkeit und Schlaflosigkeit entstehen sowie Krankheiten wie Depressionen, Verdauungsstörungen, Herz-Kreislauf-Probleme oder Burnout (vgl. Bodenmann 2016, S. 108).

Gesundheitlich problematische Stressphänomene gab es schon vor der sogenannten Digitalisierung. Viele Menschen sehen in der fortschreitenden medialen Durchdringung des Alltags eine Belastungszunahme (z. B. Beschleunigung, Flexibilisierung, Erreichbarkeitsdruck, mangelnde Abgrenzung, Konzentrationsschwierigkeiten, scheiterndes Multitasking, häufige, auch selbst vorgenommene Unterbrechungen von Tätigkeiten, soziale Vergleiche auf Social Media, Schlafmangel, FOMO – Fear of missing out, Angst vor Arbeitsplatzverlust durch Digitalisierung und Robotik).

Der Umgang mit Stress und Belastung – nicht nur im Zusammenhang mit Medien – ist sehr individuell. Entsprechend gibt es auch nicht die eine hilfreiche Strategie. In der folgenden Checkliste werden Ideen vorgestellt, die mit der eigenen Alltagspraxis abgeglichen werden können.

Bitte ankreuzen, wenn eine Idee in den Alltag integriert werden soll bzw. wenn daran gearbeitet werden soll, einen Haken machen, wenn ein Aspekt bereits integriert ist, und durchstreichen, wenn ein Hinweis nicht in Frage kommt.

Allgemeine Hinweise

O Nein-Sagen üben und kultivieren
O Nicht an alle zu erledigenden Dinge auf einmal denken (vgl. Eingangszitat Michael Ende: Schritt für Schritt)
O Auf die eigenen Gedanken und inneren Monologe achten
O Dysfunktionale Gedanken / Glaubenssätze reflektieren und ersetzen (statt «Ich muss immer perfekt sein.» – «Ich darf auch mal Pause machen.»)
O Auf gute und ausgewogene Ernährung achten
O Essen und Getränke bewusst geniessen
O Für ausreichend Schlaf sorgen
O Naturerfahrung kultivieren
O Überlegen, welche Arbeit zu Hause delegiert oder von anderen gemacht werden kann
O Eventuelle Mängel medizinisch abklären lassen, z. B. Eisenmangel, Vitamin-B 12-Mangel, Vitamin-D-Mangel
O «Count your daily blessings»: Jeden Tag drei bis fünf Dinge notieren, die einem Freude gemacht haben oder die gelungen sind (zur Vermeidung der Fokussierung auf das Negative und Nicht-Gelungene)
O Täglich eine Lichtdosis nehmen (Spaziergang im Licht – auch bei Wolken)
O Soziale Kontakte pflegen (Freunde / Partner / Partnerin / Familie)
O In einer aktuellen Stresssituation bewusst tief ein- und ausatmen
O Die Relevanz eines Problems relativieren, z. B. mit der «5 by 5 rule: «If it's not gonna matter in 5 years, don't spend more than 5 minutes being upset about it.» («Wenn es in 5 Jahren keine Rolle mehr spielen wird, verbringen Sie nicht mehr als 5 Minuten damit, sich darüber aufzuregen.»)

Freizeit

- O Körperlich-geistige Aktivitäten zum Ausgleich und zur Entspannung suchen (z. B. Yoga, MBSR – Mindfulness Based Stress Reduction (Jon Kabat Zinn), progressive Muskelentspannung (Edmund Jacobson), Pilates, Feldenkrais, Alexandertechnik, Autogenes Training, Meditation etc.)
- O Sport machen
- O Leichte körperliche Bewegung kultivieren (Spaziergänge, Wandern, Velofahren)
- O Positive Körpererfahrungen pflegen (Sauna, Massage, Wellness, Spaziergänge, Berührungen, Wannenbad zu Hause etc.)
- O Kreativ-musische Aktivitäten kultivieren (z. B. Musikinstrument, Malen, Zeichnen, Basteln, Kochen, Gartenarbeit)
- O Dafür sorgen, dass Phasen vorhanden sind, in denen sich der Geist entspannen kann und keine beruflichen Themen reflektiert und bearbeitet werden
- O Freie Abende, freie Wochenenden, Urlaubszeiten bewusst planen und gestalten (Steiner 2005)
- O Regelmässig Urlaub machen
- O Urlaub bewusst gestalten (Steiner 2005), z. B. Urlaub ohne Besichtigungsdruck, Urlaub, bei dem man nicht immer neue Unterkünfte suchen muss

Arbeit

- O Arbeit und Freizeit so weit wie möglich trennen
- O Arbeit dosieren und strukturieren (Organisation der Arbeit / Zeitmanagement)
- O To-do-Liste führen, damit noch zu erledigende Dinge fixiert werden und aufhören, einem durch den Kopf zu gehen
- O Soziale Kontakte pflegen (z. B. Mittagessen mit Freunden/ Arbeitskolleginnen/Arbeitskollegen statt Sandwich vor dem Computer)
- O Regelmässig (allein und mit anderen) Pausen machen / sich für Pausen verabreden / Pausenrituale etablieren
- O Bewusste Abgrenzung gegenüber Störungen ermöglichen (z. B. phasenweise zu Hause arbeiten, Kopfhörer tragen, Absprachen treffen in Bezug auf Gespräche im Büro bzw. Ansprechbarkeit im Homeoffice)
- O Dysfunktionale Gedanken reflektieren und ersetzen (statt «Ich muss immer Perfektion zeigen.» – «Ich darf auch mal Pause machen und mich aufladen.»)
- O Sich nicht zu viel zumuten / auch mal etwas nicht annehmen oder absagen / auch mal Arbeit delegieren

Medien

- O Private E-Mails und berufliche E-Mails durch separate Konten trennen
- O Möglichst keine beruflichen E-Mails am Abend, am Wochenende und im Urlaub lesen und beantworten
- O Pausen bewusst nicht mit Medienaktivitäten füllen
- O Ständige mediale Erreichbarkeit anderen nicht von sich aus anbieten (Westenfelder 2018)
- O Mediale Erreichbarkeiten besprechen und dosieren, Zeiten und Medienarten klären (Genner & Süss 2014; Holzwarth 2018)
- O Mediale Kommunikationsformen reflektieren und auf ein pragmatisches Maß reduzieren bzw. Präferenzen diskutieren (E-Mail, SMS, WhatsApp, Telegram, Threema, Signal, privates Postfach, Postfach bei der Arbeit etc.).
- O Regelmässig To-do-Liste führen (Aufgaben und Ideen in der Freizeit nur aufschreiben, aber nicht gleich ausführen)
- O Notizbuch neben das Bett legen (Gedanken, die am Einschlafen hindern, können fixiert werden)
- O Medien effektiv zur Arbeitserleichterung und -organisation nutzen (z. B. Ablagesystem, Skype, Doodle, Google Docs)
- O E-Mailöffnungszeiten praktizieren (nur zu bestimmten, definierten Zeiten E-Mails bearbeiten, um nicht immer andere Arbeiten zu unterbrechen (Eggler 2017)
- O Soziale Vergleiche auf Social Media reflektieren
- O Kosten und Nutzen von Social-Media-Präsenz abwägen
- O Medien als potenzielle Schlafräuber: eigene Mediennutzung überprüfen (vgl. Willemse 2015)
- O Im Schlafzimmer einen traditionellen Wecker verwenden und das Handy ausserhalb ablegen (Genner & Süss 2014)
- O Durch effizientes Telefonat unnötige E-Mailkette vermeiden
- O Betreffzeile im E-Mail für zentrale Informationen nutzen
- O Bewusst Zeiten ohne Handy / mobile Geräte leben
- O Apps und andere Dienste, die man nicht braucht, löschen
- O Keine Spiele auf das Handy laden (Westenfelder 2018)
- O Handy stumm lassen
- O Push-Meldungen deaktivieren
- O Handy zu Hause oder im Restaurant nicht auf den Tisch legen
- O Auf eine Uhr schauen statt auf die Handy-Uhr (Vermeidung von Folgenutzung)
- O Ein separates Handy mit eigener Nummer und extra Zeiten für Geschäftliches anschaffen
- O Sich bei Gesprächen voll auf den anderen Menschen einlassen und nicht nebenbei am Handy aktiv werden (Genner & Süss 2014)
- O Alleinsein ohne Ablenkung durch Geräte bewusst kultivieren (Turkle 2011), z. B. um das produktive Schweifen der Gedanken zu ermöglichen
- O Memo-App als Tagebuch nutzen
- O Medien nutzen, die beruhigen bzw. das Abschalten begünstigen (z. B. Musik hören, Hörbücher, Hörspiele, Romane/Kurzgeschichten lesen)
- O Yoga- und Meditations-Apps ausprobieren
- O Achtsames Fotografieren ausprobieren

Abb. 109: Checkliste Umgang mit (Medien-)Stress (Peter Holzwarth)

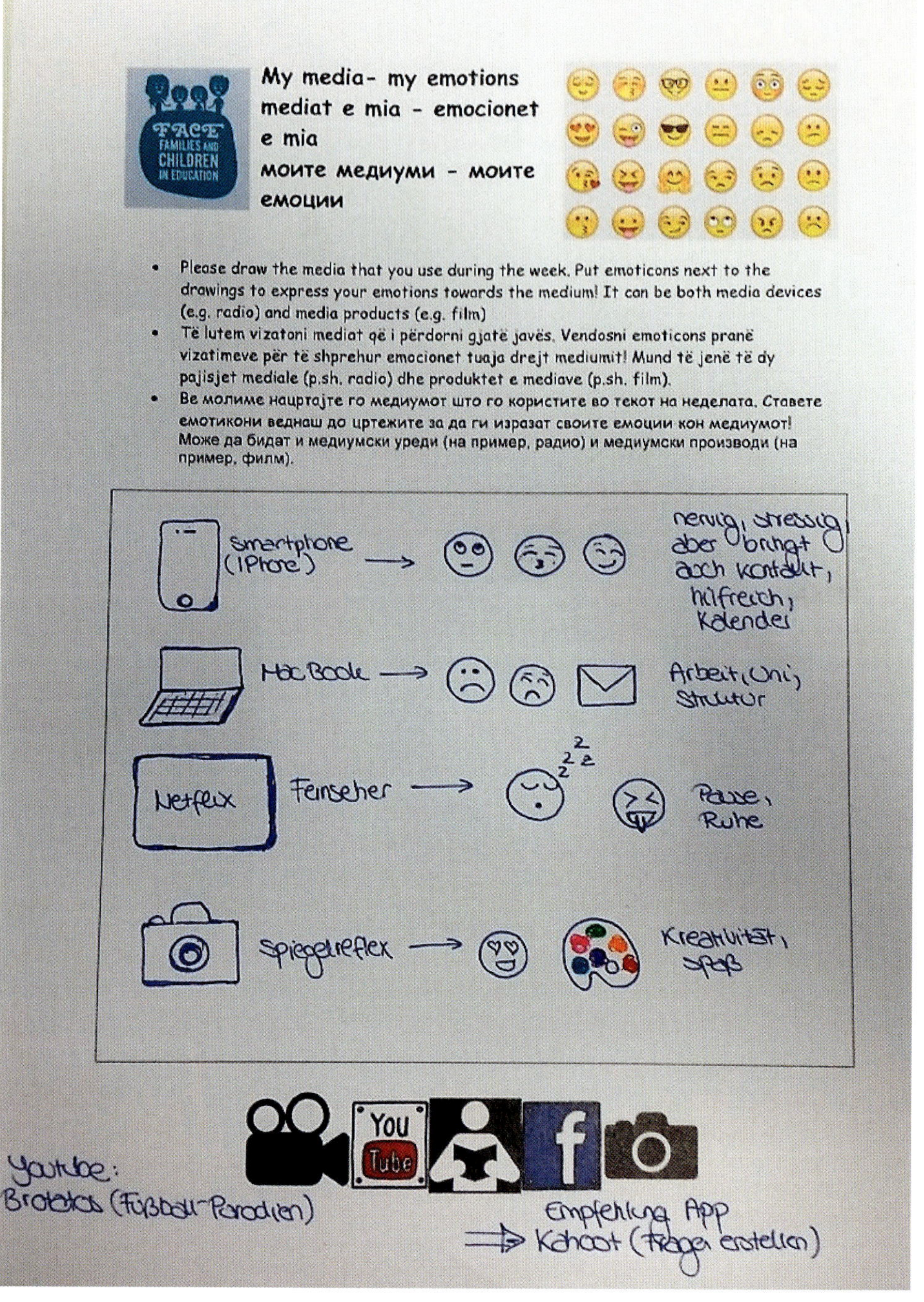

FACE FAMILIES AND CHILDREN IN EDUCATION

My media- my emotions
mediat e mia - emocionet e mia
моите медиуми - моите емоции

- Please draw the media that you use during the week. Put emoticons next to the drawings to express your emotions towards the medium! It can be both media devices (e.g. radio) and media products (e.g. film)
- Të lutem vizatoni mediat që i përdorni gjatë javës. Vendosni emoticons pranë vizatimeve për të shprehur emocionet tuaja drejt mediumit! Mund të jenë të dy pajisjet mediale (p.sh. radio) dhe produktet e mediave (p.sh. film).
- Ве молиме нацртајте го медиумот што го користите во текот на неделата. Ставете емотикони веднаш до цртежите за да ги изразат своите емоции кон медиумот! Може да бидат и медиумски уреди (на пример, радио) и медиумски производи (на пример, филм).

Smartphone (IPhone) → nervig, stressig, aber bringt auch Kontakt, hilfreich, Kalender

MacBook → Arbeit, Uni, Struktur

Netflix Fernseher → Pause, Ruhe

Spiegelreflex → Kreativität, Spaß

You Tube

Youtube: Brotatos (Fußball-Parodien)

Empfehlung App
⇒ Kahoot (Fragen erstellen)

Abb. 110: Beispiel einer Reflexion (Studentin)

My media – my emotions: Reflexion der eigenen medienbezogenen Gefühle

Teilnehmende werden gebeten, ihre alltäglichen Mediengeräte und Medienprodukte zu zeichnen und diese mit den dazugehörenden Emotionen zu verbinden. So kommen beispielsweise ambivalente Gefühle dem Handy gegenüber zum Ausdruck. Durch diese Art der Darstellung können sie leichter reflektiert und mit anderen diskutiert werden (z. B. Warum ist das Handy Freude und Leid zugleich? Geht es anderen auch so? Sind es dieselben Gründe oder andere?).

Die Aktivität regt besonders zur Reflexion an, wenn die gezeichneten Medienangebote und Mediengeräte nicht nur mit Gefühlen verbunden werden (z. B. ☺ oder ☹), sondern auch ein paar Stichworte oder Sätze dazu geschrieben werden z. B. «E-Mails auf dem Notebook sind Freude und Leid zugleich, weil es sehr viele E-Mails sind, die beantwortet werden müssen, manchmal ist es schwierig, weil komplexe Entscheidungen damit verbunden sind. E-Mails sind auch schön, weil man mit Menschen, die man mag, in Kontakt sein kann.» Die Präsentation der eigenen medienbezogenen Gefühle in der Gruppe ist auch hilfreich für Reflexionsprozesse: Durch die Narration werden Sinnzusammenhänge generiert.

Die Projektidee entstand im Kontext des Entwicklungsprojektes «FACE – Families And Children in Education: IPE-Entwicklungsprojekt für Life Skills, Pädagogische Hochschule Zürich (vgl. Holzwarth / Kuhn / Marruncheddu 2019; Borer et al. 2020, S. 56 u. 57).

Mein Energie-Fass (Sylvia K. Wellensiek)

Bei der Reflexion «Mein Energie-Fass» (Wellensiek 2017, S. 117-121) geht es um die Frage, was einem im Leben Energie gibt und was Energie kostet. Es kann ein spezieller Fokus auf Medienaktivitäten gelegt werden.

Die Teilnehmenden zeichnen ein Fass auf ein Stück Papier als Symbol ihrer persönlichen Energie. Gemäss dem gefühlten aktuellen Füllstand zeichnen sie eine horizontale Linie ein und notieren die prozentuale Menge ihrer Energie. Sie können einen Durchschnitt für die Fülllinie auswählen. (Frage zum Nachdenken: Ist die Fülllinie eher stabil oder variiert diese stark über die Zeit?)

Die Teilnehmenden reflektieren Aktivitäten, Ereignisse, Menschen, Orte und Medienaktivitäten, die ihr Energiefass füllen (Was ist gut für mich, was gibt mir Energie?) und welche Aktivitäten, Ereignisse, Menschen, Orte und Medienaktivitäten entleeren das Energiefass (Was nimmt Energie weg, was ist nicht gut für mich?). Verschiedene Dimensionen werden einbezogen: Kopf (Gedanken), Herz (Gefühle), Hand (Handlungen), Seele (Werte, Visionen, Überzeugungen) und Körper.

	Das gibt meinem Fass Energie:
	Das nimmt meinem Fass Energie:

Meine nächsten Schritte:

Fragen zum Weiterdenken:

- Habe ich ambivalente/widersprüchliche Dinge gefunden: Aspekte, die gleichzeitig Energie geben und nehmen?
- Wie nehme ich den Grad der Kontrolle über mein Energiefass wahr?
- Inwieweit habe ich Einfluss auf das Energiefass anderer Menschen?
- Inwieweit haben andere Menschen Einfluss auf mein Energiefass?
- Welche Rolle spielen Medien für meinen Energiehaushalt: eigene Medienproduktion (z. B. Fotos machen, Tagebuch schreiben) und Nutzung von vorhandenen Medien (z. B. Fotos auf Instagram anschauen, Filme auf Netflix schauen, Bücher lesen)?

Abb. 111: Reflexion des eigenen Energiehaushalts (Peter Holzwarth, basierend auf Wellensiek 2017)

Die Ergebnisse werden aufgeschrieben und die Teilnehmenden überlegen, welche Massnahmen zur Verbesserung ihrer Energiesituation ergriffen werden können. Sie definieren konkrete Schritte für das weitere Vorgehen, reflektieren die Übung anhand der aufgelisteten Fragen (s. Abbildung 111).

Checkliste Ressourcen

Abb. 112: Sich Zeit nehmen und die eigenen Ressourcen bewusst machen (Peter Holzwarth)

Jeder Mensch hat Ressourcen – Kraftquellen, auf die er sich beziehen kann, die ihm eine erfolgreiche Lebensführung ermöglichen und die ihn in schwierigen Zeiten stützen.

Oft sind sich Menschen ihrer eigenen Ressourcen nicht bewusst. Diese Checkliste führt durch verschiedene Dimensionen des Lebens und dient der Bewusstmachung von inneren und äußeren Ressourcen. Häufig ist der Fokus der Aufmerksamkeit auf dem, was einen stört, und man ist sich nicht bewusst, was alles gut ist.

Zu jedem Ressourcenbereich kann der Grad der Zufriedenheit reflektiert werden sowie Entwicklungsmöglichkeiten. Nicht relevante Bereiche können eingeklammert oder frei gelassen werden.

Freundschaften

Pflege ich gute Freundschaften? Welche Bedeutung haben die Freunde jeweils für mich? Für welchen Lebensbereich sind sie wichtig? Mit wem kann ich über was sprechen?

Wie zufrieden bin ich mit meinen Freundschaften?

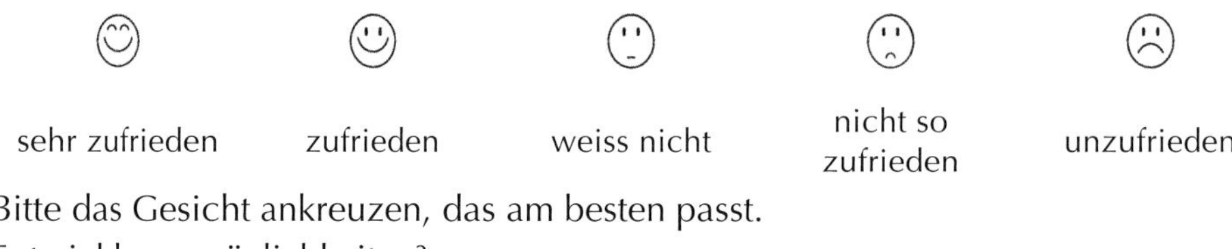

Bitte das Gesicht ankreuzen, das am besten passt.
Entwicklungsmöglichkeiten?

Paarbeziehung

Lebe ich in einer guten Beziehung? Welchen Stellenwert hat die Beziehung für mich?

Wie zufrieden bin ich mit meiner Beziehung?

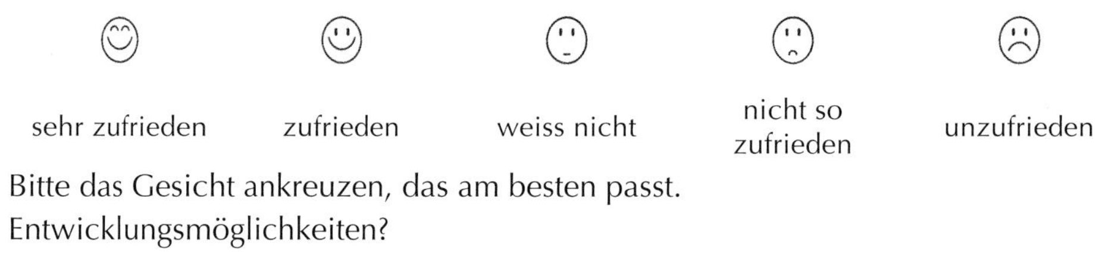

Bitte das Gesicht ankreuzen, das am besten passt.
Entwicklungsmöglichkeiten?

Sexualität

Was bedeutet mir Sexualität?

Wie zufrieden bin ich mit meiner Sexualität?

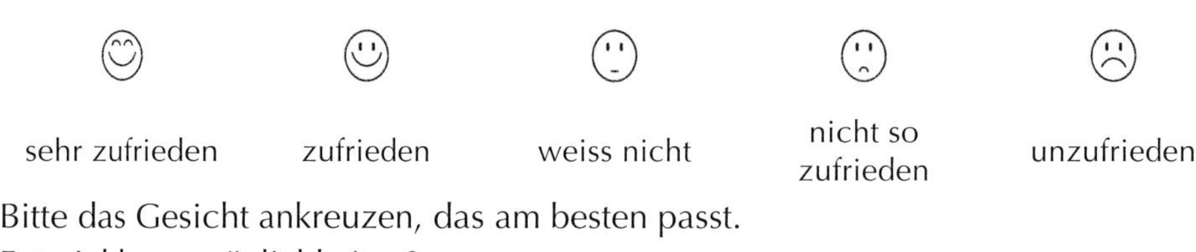

Bitte das Gesicht ankreuzen, das am besten passt.
Entwicklungsmöglichkeiten?

Familie (Herkunftsfamilie, eigene Familie, Familie des Partners/der Partnerin, Kinder, Neffen, Nichten, Enkelkinder, Patenkinder, familienähnliche Beziehungen)

Wie zufrieden mit meinen familiären Beziehungen?

sehr zufrieden	zufrieden	weiss nicht	nicht so zufrieden	unzufrieden

Bitte das Gesicht ankreuzen, das am besten passt.
Entwicklungsmöglichkeiten?

Haustiere / Tiere (z. B. Hund, Katze, Pferd)
Was bedeuten mir die Tiere in meinem Leben (z. B. Beziehung, Nähe, Tagesstruktur?)

Wie zufrieden bin ich mit meiner Beziehung zu Tieren?

sehr zufrieden	zufrieden	weiss nicht	nicht so zufrieden	unzufrieden

Bitte das Gesicht ankreuzen, das am besten passt.
Entwicklungsmöglichkeiten?

Leidenschaften / Hobbys
Welche Bedeutung haben Hobbys in meinem Leben? Nehme ich mir genug Zeit dafür?

Wie zufrieden bin ich mit meinen Hobbys?

sehr zufrieden	zufrieden	weiss nicht	nicht so zufrieden	unzufrieden

Bitte das Gesicht ankreuzen, das am besten passt.
Entwicklungsmöglichkeiten?

Fähigkeiten / Kompetenzen
Welche Fähigkeiten sind mir besonders wichtig? Pflege ich diese Fähigkeiten, z. B. durch Kurse und Weiterbildungen?

Wie zufrieden bin ich mit meinen Fähigkeiten?

sehr zufrieden	zufrieden	weiss nicht	nicht so zufrieden	unzufrieden

Bitte das Gesicht ankreuzen, das am besten passt.
Entwicklungsmöglichkeiten?

Sprachen / interkulturelle Kompetenzen / kulturelle Zugehörigkeiten / Mehrfachzugehörigkeit
Welche Zugehörigkeiten haben eine Bedeutung für mich? (z. B. Italien und Schweiz)
Welche Sprachkenntnisse sind mir wichtig? (z. B. Deutsch und Italienisch)
Welche interkulturellen Kompetenzen spielen in meinem Leben eine Rolle?

Wie zufrieden bin ich mit meinen Zugehörigkeiten?

sehr zufrieden	zufrieden	weiss nicht	nicht so zufrieden	unzufrieden

Bitte das Gesicht ankreuzen, das am besten passt.
Entwicklungsmöglichkeiten?

Arbeit
Was ist mir wichtig an meiner Arbeit? Was eröffnet und ermöglicht mir meine Arbeit? Könnte ich mir einen anderen Arbeitskontext vorstellen?

Wie zufrieden bin ich mit meiner Arbeit?

sehr zufrieden	zufrieden	weiss nicht	nicht so zufrieden	unzufrieden

Bitte das Gesicht ankreuzen, das am besten passt.
Entwicklungsmöglichkeiten?

Arbeitsweg
Wie und wofür nutze ich den Weg zur Arbeit? Sportliche Betätigung (bike to work), Unterhaltung (Lesen, Hörbücher, Filme, Musik hören im Bus/Zug/Auto?) Gespräche im Zug oder in einer Fahrgemeinschaft? Weiterbildung? Arbeitsweg als Arbeitszeit?

Wie zufrieden bin ich mit der Gestaltung meines Arbeitswegs?

Bitte das Gesicht ankreuzen, das am besten passt.
Entwicklungsmöglichkeiten?

Zeit / Zeitmanagement
Wie gehe ich mit meiner Lebenszeit um? Welche zeitlichen Freiräume habe ich? Wie nutze ich freie Zeit?

Wie zufrieden bin ich allgemein mit der Gestaltung meiner Zeit?

Bitte das Gesicht ankreuzen, das am besten passt.
Entwicklungsmöglichkeiten?

Ökonomische Situation / ökonomische Sicherheiten (z. B. Vermögen, Immobilien)
Was mache ich mit meinem Geld? Wie kann es zu Lebensfreude und Entlastung beitragen (z. B. Reisen, Wellness, Massage, Beratung, Weiterbildung, Putzhilfe, Nanny, Staubsaugerroboter, Auto, E-Bike, Umzugsservice)? Bin ich im Alter abgesichert und damit beruhigt? Wem nutze/helfe ich mit meinem Geld? Wem schade ich?

Wie zufrieden bin ich mit meiner ökonomischen Situation?

Bitte das Gesicht ankreuzen, das am besten passt.
Entwicklungsmöglichkeiten?

Dinge / Objekte (z. B. Kleidungsstücke, Geräte, Erinnerungsobjekte, Kunstobjekte) Welche Dinge/Objekte in meinem Leben haben für mich eine besondere Bedeutung? Für welches Gerät/technische Hilfsmittel bin ich besonders dankbar? Welche Dinge sollten entrümpelt werden? (vgl. «Meine Dinge fotografieren», S. 97)

Wie zufrieden bin ich mit den Dingen/Objekten in meinem Haushalt?

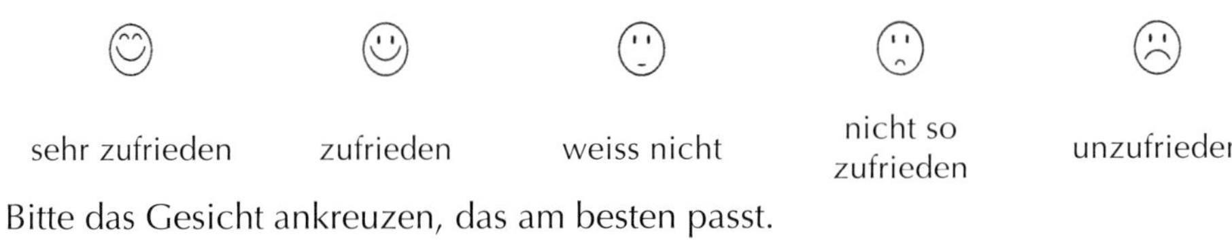

Bitte das Gesicht ankreuzen, das am besten passt.
Entwicklungsmöglichkeiten?

Rechtliche Unterstützung / Hilfe
Gibt es jemanden, dem ich mich in rechtlichen Dingen / bei rechtlichen Fragen anvertrauen kann?

Wie zufrieden bin ich im Bereich rechtliche Unterstützungsmöglichkeiten?

Bitte das Gesicht ankreuzen, das am besten passt.
Entwicklungsmöglichkeiten?

Medizinische Unterstützung
Gibt es jemanden, dem ich mich in medizinischen Dingen anvertrauen kann? Habe ich eine Hausärztin / einen Hausarzt, dem ich vertraue?

Wie zufrieden bin ich mit meiner medizinischen Versorgung?

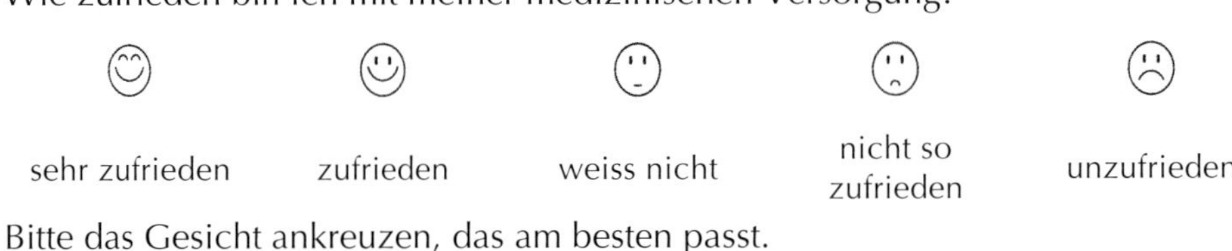

Bitte das Gesicht ankreuzen, das am besten passt.
Entwicklungsmöglichkeiten?

Gesundheit / Erholung / Sport / Bewegung (z. B. Sportaktivitäten, Entspannung, Ernährungsgewohnheiten, Bewegung im Alltag) Habe ich genügend Bewegung im Alltag? Gelingt es mir, den Sport regelmässig zu integrieren? Nehme ich mir genug Zeit zum Essen?

Wie zufrieden bin ich mit meiner Gesundheitsvorsorge im Alltag?

Bitte das Gesicht ankreuzen, das am besten passt.
Entwicklungsmöglichkeiten?

Ernährung Welches Essen, welche Getränke geben mir körperlich und geistig Kraft? Wie kann ich durch Ernährung etwas zu meiner Gesundheit beitragen? Welche positiven Erinnerungen (z. B. Kindheit, Urlaubsreisen) können mit welchem Essen/Getränk aktiviert werden? Welchen sozialen Aspekt hat meine Ernährung?

Wie zufrieden bin ich mit meinen Ernährungsgewohnheiten?

Bitte das Gesicht ankreuzen, das am besten passt.
Entwicklungsmöglichkeiten?

Körper und Geist
Weiss ich, wie ich meinem Körper und Geist etwas Gutes tun kann (z. B. durch Musik, Kunst, Film, Literatur, Yoga, Massage, Wannenbad, Sport etc.)?

Wie zufrieden bin ich mit der Pflege meines Körpers und Geistes?

sehr zufrieden	zufrieden	weiss nicht	nicht so zufrieden	unzufrieden

Bitte das Gesicht ankreuzen, das am besten passt.
Entwicklungsmöglichkeiten?

Sinn / Werte / Spiritualität / Religiosität
Was gibt meinem Leben Sinn?

Wie zufrieden bin ich mit der Sinnfindung in meinem Leben?

sehr zufrieden	zufrieden	weiss nicht	nicht so zufrieden	unzufrieden

Bitte das Gesicht ankreuzen, das am besten passt.
Entwicklungsmöglichkeiten?

Wohnung
Was mag ich an meiner Wohnung? Was mag ich an meinem Zimmer? Wie könnte ich meine Wohnung so gestalten, dass sie mich noch besser unterstützt (z. B. beim Kräftesammeln, beim Willkommenheissen von Freunden, beim Aufbau und beim Aufrechterhalten sozialer Kontakte)

Wie zufrieden bin ich mit meiner Wohnung?

sehr zufrieden	zufrieden	weiss nicht	nicht so zufrieden	unzufrieden

Bitte das Gesicht ankreuzen, das am besten passt.
Entwicklungsmöglichkeiten?

Quartier / Stadtteil
Was mag ich an meinem Quartier/Stadtteil? Fühle ich mich wohl in meiner Strasse?

Wie zufrieden bin ich mit meinem Quartier/Stadtteil?

sehr zufrieden	zufrieden	weiss nicht	nicht so zufrieden	unzufrieden

Bitte das Gesicht ankreuzen, das am besten passt.

Stadt / Dorf (kulturelle Angebote, Cafés, Bars, Restaurants, Infrastruktur, Parks, Fluss, See)
Was bedeutet mir mein Wohnort? Welche Orte in der Stadt/im Dorf haben eine positive Bedeutung für mich?

Wie zufrieden bin ich mit meinem Wohnort?

sehr zufrieden	zufrieden	weiss nicht	nicht so zufrieden	unzufrieden

Bitte das Gesicht ankreuzen, das am besten passt.

Land (z. B. Schweiz / Deutschland)
Was schätze ich an meinem Land?
Welche Orte im Land haben eine positive Bedeutung für mich?

Wie zufrieden bin ich mit dem Land, in dem ich lebe?

sehr zufrieden	zufrieden	weiss nicht	nicht so zufrieden	unzufrieden

Bitte das Gesicht ankreuzen, das am besten passt.

Orte auf der Welt
Gibt es Orte auf der Welt, die für mich eine besondere Bedeutung haben?
Gibt es Orte, die ich in schöner Erinnerung habe?
Gibt es Orte, bei denen ich mich auf ein Wiedersehen freuen kann?
Gibt es Orte auf der Welt, die ich noch besuchen will?

Wie zufrieden bin ich mit diesem Bereich?

sehr zufrieden	zufrieden	weiss nicht	nicht so zufrieden	unzufrieden

Bitte das Gesicht ankreuzen, das am besten passt.
Entwicklungsmöglichkeiten?

Medien, Zitate, Gedichte, Geschichten, Romane, Bilder, Filme oder Musik
(z. B. ein Lieblingsspruch, der einen an das Wesentliche erinnert, eine Stelle im Lieblingsroman, die einem eine schöne Stimmung vermittelt, ein Bibelzitat, eine Filmszene oder ein Gemälde, das einem Kraft gibt, ein Lieblingssong, ein Foto, das einen an etwas Positives erinnert oder einem Kraft gibt)
(vgl. «Spiel mir dieses Lied, zeig mir dieses Bild – können Medien trösten?», S. 176)

Wie zufrieden mit bin ich diesem Bereich?

☺	☺	😐	🙁	☹
sehr zufrieden	zufrieden	weiss nicht	nicht so zufrieden	unzufrieden

Bitte das Gesicht ankreuzen, das am besten passt.
Entwicklungsmöglichkeiten?

Vergangenheit als Ressource
An welche Ereignisse/Erfolge erinnere ich mich gerne?
Gibt es Geschichten über mich, an die ich mich gerne erinnere? Sind diese Geschichten/Situationen in irgendeiner Form manifestiert, z. B. in Fotografien, Erinnerungsstücken, schriftlichen Eintragungen?
Welche vergangenen Problemlösungsgeschichten gibt es? Wie und wo habe ich in der Vergangenheit erfolgreich ein Problem überwunden oder gelöst?
Wie pflege ich meine Erinnerungen (Erinnerungskultur)? Wie mache ich positive Erfahrungen für später abrufbar (Tagebuch schreiben, Fotografieren, Gedichte schreiben, Souvenirs und Erinnerungsobjekte aufstellen, z. B. Stein vom Lieblingsstrand, Musikinstrument von einer Reise)? Wie teile ich Erinnerungen mit anderen?

Wie zufrieden bin ich mit meiner Nutzung der Vergangenheit als Ressource?

☺	☺	😐	🙁	☹
sehr zufrieden	zufrieden	weiss nicht	nicht so zufrieden	unzufrieden

Bitte das Gesicht ankreuzen, das am besten passt.
Entwicklungsmöglichkeiten?

Life Skills kennenlernen und sich selbst einschätzen

Die Teilnehmenden lernen die Life Skills gemäss WHO kennen (s. S. 15-23) und schätzen sich selbst anhand von verschiedenen Smilies ein.

Am Ende definieren sie einen Skill, den sie schon sehr weit entwickelt haben ☺ und einen, der besonderer Entwicklung bedarf ☹.

Meine Life Skills

Life Skill	☺	☺	😐	😕	☹
Entscheidungsfähigkeit Decisionmaking					
Problemlösungskompetenz Problem-solving					
Kreatives Denken Creative thinking					
Kritisches Denken Critical thinking					
Effiziente Kommunikation Effective communication					
Beziehungskompetenz Interpersonal relationship skills					
Selbstbewusstheit/sich seiner Stärken und Schwächen bewusst sein Self-awareness					
Empathie/Einfühlungsvermögen Empathy					
Umgang mit Emotionen Coping with emotions					
Umgang mit Stress Coping with stress					

☺ .... ☹ ....

Abb.113: Reflexionsbogen Life Skills, Projekt FACE (Peter Holzwarth)

Mehrfachzugehörigkeit visualisieren

«Sie haben eine doppelte Zugehörigkeit, das wirkt sich sehr positiv aus...»
(Michel Houellebecq: Plattform, 2002, S. 192)

«Ich habe einen grünen Pass mit ´nem goldenen Adler drauf
Doch mit italienischer Abstammung wuchs ich hier auf
Somit nahm ich Spott in Kauf
In dem meinigen bisherigen Lebensablauf»
(Advanced Chemistry – Fremd im eigenen Land (1995))

Im Film «Almanya – Willkommen in Deutschland» (Yasemin Samdereli, Deutschland 2011) gibt es eine Szene, in der der sechsjährige Chenk – Mutter aus Deutschland, Vater mit türkischem Migrationshintergrund – seine Verunsicherung in Bezug auf Zugehörigkeit zum Ausdruck bringt:

> Chenk: «Was sind wir denn jetzt, Türken oder Deutsche?»
> Mutter: «Deutsche.» Vater: «Türken.» (beide sprechen gleichzeitig)
> [...]
> Cousine von Chenk: «Chenk, man kann auch beides sein. So wie du!»
> Chenk: «Nein, das geht nicht! Entweder die eine Mannschaft oder die andere!»
> (00:12:23 bis 00:12:44)

Chenks Cousine Canan bietet hier eine alternative Lösung gegenüber der Entweder-oder-Zuordnung an, die Chenk in der Schule kennengelernt hat.

Mecheril (2003) hat über das Phänomen der Mehrfachzugehörigkeit geforscht: Normativ kann der Begriff so gedeutet werden: Menschen können mehrere Zugehörigkeitskontexte für sich beanspruchen und leben, ohne sich einem Bereich zuordnen zu müssen («Sowohl-als-auch» statt «Entweder-oder», «Weder-noch» oder «Halb-Halb») (vgl. Holzwarth 2007, 2008).

Für ein positives Selbstwertgefühl ist auch eine gute innere Haltung gegenüber den eigenen Zugehörigkeiten wichtig. Im folgenden Zitat eines Jugendlichen mit Bezug zu Deutschland und Griechenland kommt dies zum Ausdruck:

> «Wir haben ein eigenes Profil, wir kennen uns in beiden Welten aus...» (Georgios)
> (Govaris 1999, S. 114)

Noch immer werden in unserer Gesellschaft in vielen Situationen eindeutige Zuordnungen im Sinne eines Entweder-oder erwartet: «Bist du jetzt eigentlich Schweizerin oder Albanerin?» Das Konzept der mehrfachen Zugehörigkeit ist noch keine Selbstverständlichkeit. Viele junge Menschen mit Migrationshintergrund machen die

Erfahrung der fehlenden Anerkennung bzw. des Weder-noch. So sagt eine 20-jährige Frau zum Beispiel:

> «Hier bin ich Ausländer, in der Türkei bin ich Ausländer.»
> (Blank 2000, S. 19)

Für die wertschätzende Selbstwahrnehmung, aber auch für die anerkennende Wahrnehmung anderer stellt das Konzept der Mehrfachzugehörigkeit eine grosse Chance dar. Das Konzept «Patchworkidentität» (vgl. Keupp et al. 1999) verweist auf eine ähnliche Idee: Menschen bauen sich aus verschiedenen Teilaspekten eine Identität zusammen – wie bei einer Patchworkdecke. Dabei sind die Kompetenzen und Ressourcen unterschiedlich verteilt (Nadel, Faden, Stoffteile, Schnittmuster, Nähkompetenzen).

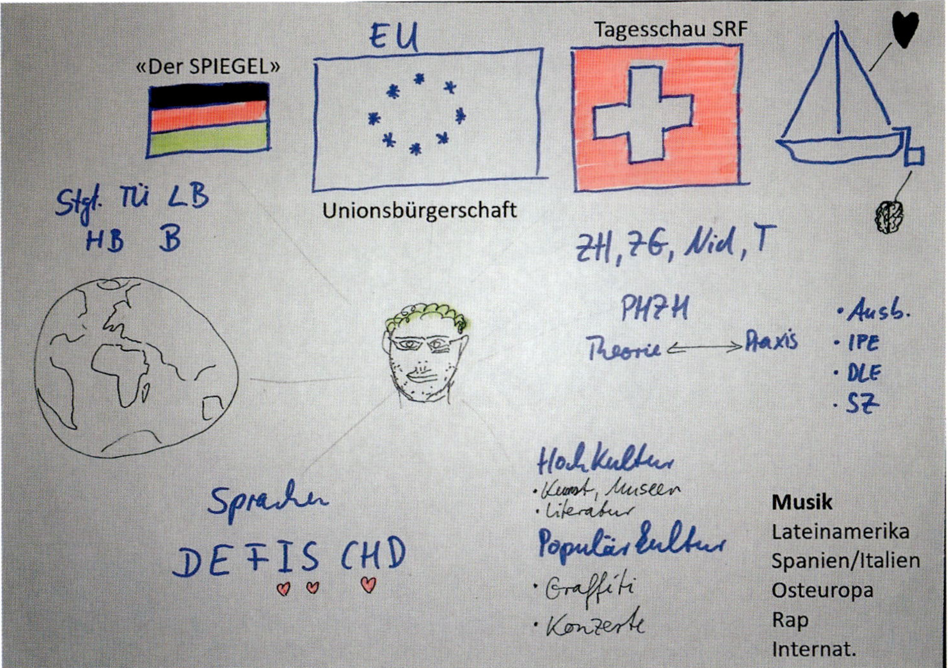

Abb.114: Beispiel einer Visualisierung zum Thema Mehrfachzugehörigkeit (Peter Holzwarth)

Die Teilnehmenden (mit und ohne Migrationshintergrund) visualisieren die eigenen Zugehörigkeiten auf einem leeren Blatt Papier (z. B. Sprachen, Orte, Länder, kulturelle Kontexte) und werden sich damit ihrer Mehrfachzugehörigkeiten bzw. ihrer Patchworkidentität bewusst.

Mehrfachzugehörigkeit kann auf nationaler Ebene gedacht sein, aber auch in Bezug auf andere Dimensionen:

- Welche Nationalitäten besitze ich (rechtliche Ebene von Zugehörigkeit: Staatsbürgerschaft, Pass)?
- Welchen Ländern, Regionen und Orten fühle ich mich nahe (emotionale Ebene von Zugehörigkeit)?
- Welche Sprachen spreche ich? Welchen Sprachgruppen fühle ich mich emotional nahe (z. B. Kurdisch, Türkisch, Deutsch und Englisch)?
- Welche religiösen oder weltanschaulichen Zugehörigkeiten habe ich (z. B. christliche Wurzeln und Sympathie für den Buddhismus)?
- Welchen Wertegemeinschaften fühle ich mich zugehörig (z. B. Umweltschutz, Pazifismus, transparenter Umgang mit digitalen Daten, demokratische Werte, Engagement für Minderheitengruppen)?
- Welchen Jugendkulturen bzw. sozialen Milieus fühle ich mich zugehörig?
- Welche kulturellen Milieus sind für mich bedeutsam (z. B. Hochkultur: klassische Musik) und Populärkultur, z. B. Schlagermusik)?
- Wie kommen meine Zugehörigkeiten durch Mediennutzung zum Ausdruck (z. B. türkischsprachige Musik, deutschsprachige Musik und globale US-HipHop-Musik)?
- Wie drücken sich meine Zugehörigkeiten durch Medienproduktionen aus?
- Welche menschlichen Grundorientierungen kommen bei mir zum Ausdruck (z. B. Extravertiertheit und Introvertiertheit, Geistesmensch und bodenständiger Mensch, Emotionalität und Rationalität, Beständigkeit und Wandel)?
- Welche Spielerinnen und Spieler habe ich in meinem «inneren Team» (vgl. das «Inneres Team» Schulz von Thun 1998)?

Möglicherweise kann auch diese Dimension von Bedeutung sein:

- Welche Zugehörigkeit habe ich auf biologischer/genetischer Ebene (genetische Abstammung)? Aus welchen Teilen der Welt stammen meine Vorfahren? Eine Antwort liefern Firmen, die die DNA in Speichelproben analysieren und geografisch-prozentuale Zuordnungen machen (z. B. 50% England, 15 % Nordafrika etc.).

My favourite media celebrity (David Gauntlett)

Kinder oder Jugendliche werden gebeten, ihre Lieblingsstars zu malen/zeichnen. Diese können ein Indikator für die Träume und Ideale der Teilnehmenden sein. Die Idee geht auf ein Projekt des britischen Medienwissenschaftlers David Gauntlett zurück: «Media celebrities and young people's aspirations – a visual research project» (http://www.artlab.org.uk/meccsa.htm) (vgl. Gauntlett 2005, S. 19-23).

Wichtig sind die reflexiven Prozesse, die nach dem Zeichnen im Gespräch über das Endprodukt stattfinden. Die Teilnehmenden können angeregt werden, über ihre Zeichnungen zu sprechen oder sich schriftlich zu äussern (vgl. http://www.artlab.org.uk/meccsa.htm).

Auch Götz (2013) hat darauf hingewiesen, dass Kinder und Jugendliche Heldinnen und Helden aus den Medien zur Identitätskonstruktion und Identitätsentwicklung nutzen.

My favourite heroine/hero – my favorite story (Mark Savickas)

Ein ähnlicher Ansatz bezieht sich auf fiktionale Heldinnen und Helden aus Film- und Comicwelten. Mark Savickas – Psychologe und Experte für Berufsberatung – arbeitet mit diesem Ansatz, um etwas über Werte, Entwicklungswünsche und Job-Ideale zu erfahren (2015). Auch die Frage nach der Lieblingsgeschichte kann interessantes narratives Material liefern, das sich auf die Lebensgeschichte des Menschen selbst beziehen lässt (ebenda).

Collage «Medien, die ich mag – Medien, die ich nicht mag»

Den Teilnehmenden werden Stapel mit Zeitschriften zur Verfügung gestellt. Damit produzieren sie eine Collage zum Thema «Medien, die ich mag» und «Medien, die ich nicht mag».

Um die subjektiven Bedeutungen bewusst zu machen, ist es wichtig, in einem reflexiven Prozess die Collage innerhalb der Gruppe zu erläutern.

Mein Medientag in Bildern

Die Teilnehmenden bekommen den Auftrag, einen typischen Medientag visuell zu dokumentieren. Sie fotografieren Mediennutzungssituationen, Menschen, die mit ihnen zusammen Medien nutzen und Mediengeräte. Sie erstellen Screenshots von besuchten Internetseiten und Apps. Das Bildmaterial wird entweder in einem Journal dokumentiert oder in einer PowerPoint-Präsentation oder in Form einer Collage.

Mein Medientag

Die Gruppe bekommt eine Vorlage (s. Abbildung 115), in der sich an verschiedenen Zeitpunkten des Tages die entsprechenden Medienaktivitäten eintragen lassen.

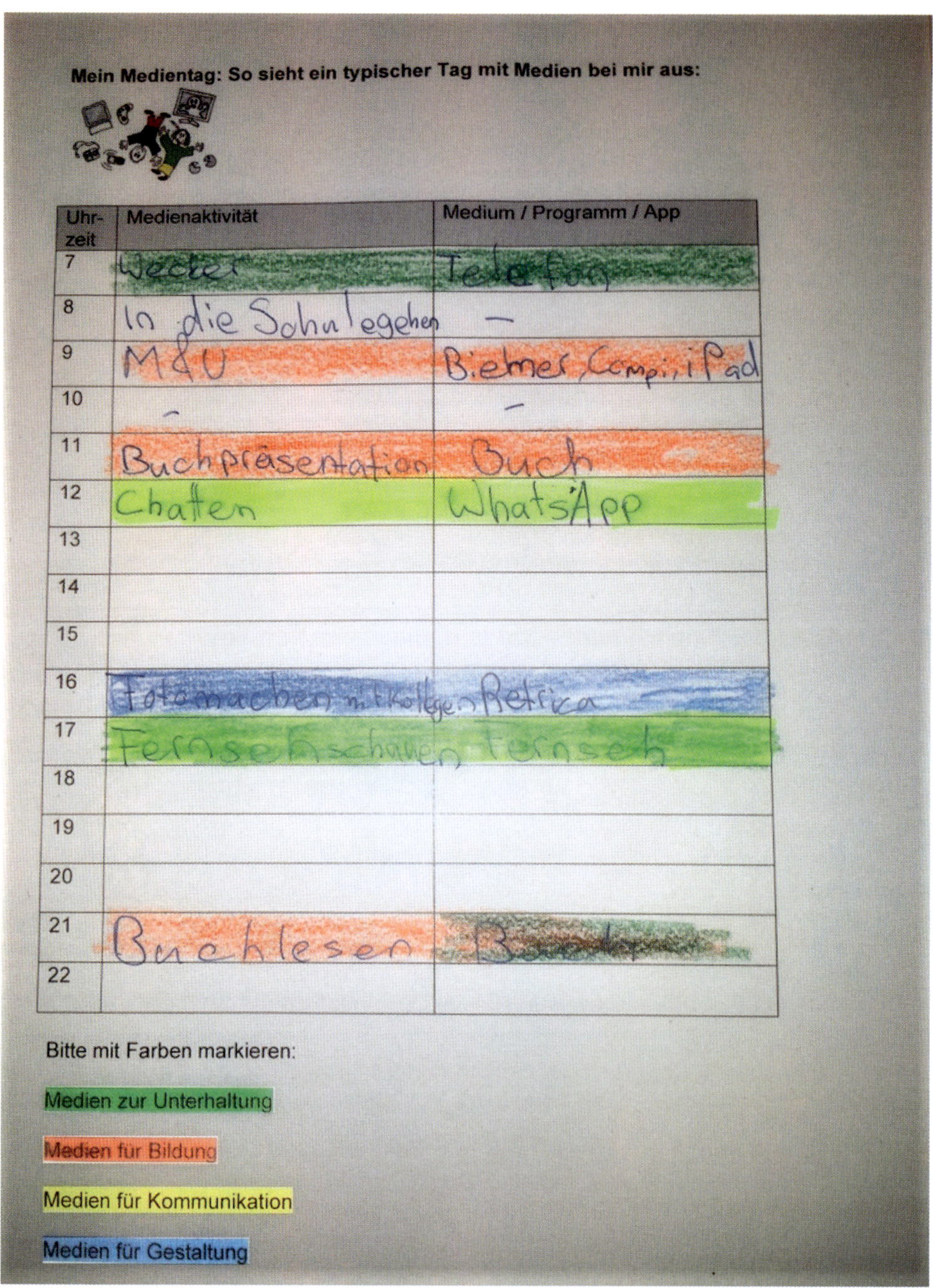

Mein Medientag: So sieht ein typischer Tag mit Medien bei mir aus:

Uhrzeit	Medienaktivität	Medium / Programm / App
7	Wecker	Telefon
8	In die Schule gehen	–
9	M&U	Biemer, Compi, iPad
10	–	–
11	Buchpräsentation	Buch
12	Chatten	WhatsApp
13		
14		
15		
16	Foto machen mit Kollegen	Retrica
17	Fernsehschauen	Fernseh
18		
19		
20		
21	Buchlesen	Buch
22		

Bitte mit Farben markieren:

Medien zur Unterhaltung

Medien für Bildung

Medien für Kommunikation

Medien für Gestaltung

Abb. 115: Beispiel einer Reflexion (Schulprojekt)

Nach dem Eintragen wird Folgendes überlegt und farblich markiert: Sind es Medienaktivitäten zur Unterhaltung, zur Bildung, zur Kommunikation oder zur Gestaltung?

Interessant ist, dass es auch Mischformen geben kann: Man liest ein Buch zur Unterhaltung, aber gleichzeitig finden beim Lesen auch Bildungsprozesse statt.

Meine Medienbiografie

Auf einem Din-A4-Blatt wird ein Pfeil von links nach rechts aufgemalt, der die Lebenslinie symbolisiert. Wichtige Medienerfahrungen und Gerätebesitz werden in die Lebenslinie eingezeichnet (z. B. Lieblingsheldin aus der Kindheit, das erste Buch, der erste eigene Fotoapparat, der erste Liebesbrief, die Lieblingsband als Teenager, der erste eigene Computer, die wichtigsten Filme, die wichtigsten selbstproduzierten Fotos, die wichtigsten Portraits aus verschiedenen Altersphasen etc.).

Später werden diese Meilensteine der eigenen Medienbiografie visualisiert und in Form einer PowerPoint-Präsentation vorgestellt.

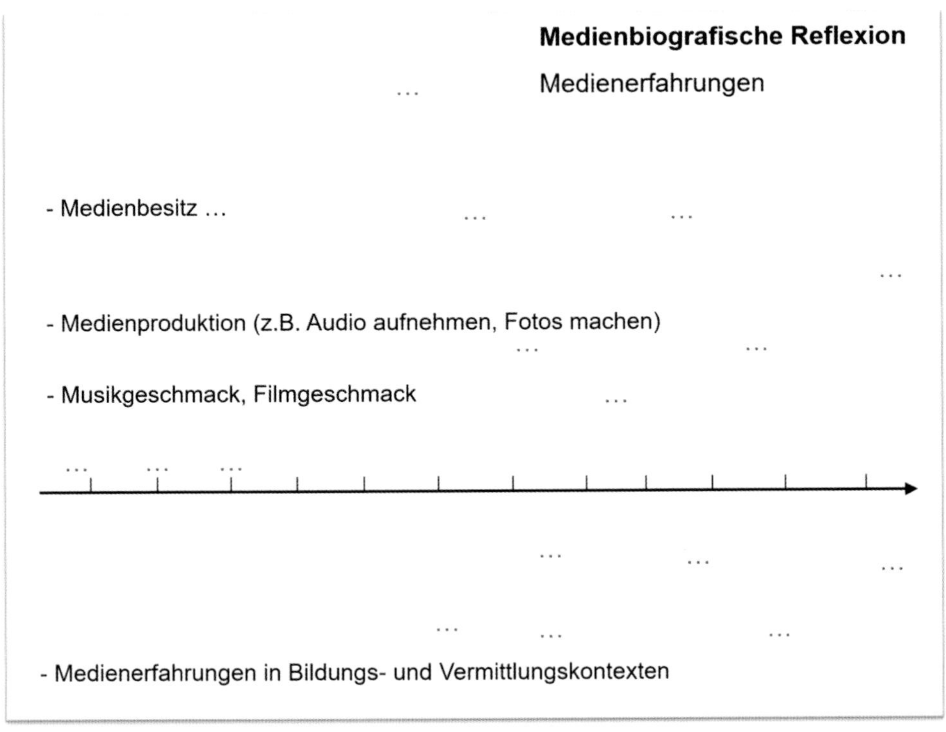

Abb. 116: Struktur für die Reflexion der eigenen Medienbiografie (Peter Holzwarth)

Kurzgeschichten zum Thema Mediennutzung

Die Teilnehmenden inszenieren eine Mediennutzungssituation und fotografieren diese. Sie können auch in Zeitschriften oder im Internet nach Bildern suchen, die Menschen im Moment der Mediennutzung zeigen. Eines der Bilder wird in ein Word-Dokument eingefügt. Danach schreiben die Teilnehmenden eine kleine Geschichte dazu, die – in Anlehnung an den «dynamisch-transaktionalen Ansatz» von Früh & Schönbach – die Dimensionen **Person**, **Medium** und **Kontext** berücksichtigt (vgl. Früh & Schönbach 1982) (s. unten).

Die Teilnehmenden stellen sich folgende Fragen:

Was möchte ich in meiner Geschichte dominieren lassen? Die Wirkungsmacht des Mediums (Was macht das Medium mit dem Menschen?) oder die Selektions- und Verarbeitungskompetenz der Person (Was macht der Mensch mit dem Medium?)?

Gibt es in meiner Geschichte Ansatzpunkte für Medienbildung?
Hintergrund (vgl. Bonfadelli & Friemel 2017):

Medienwirkung wurde – vereinfacht ausgedrückt – auf zwei Grundfragen bezogen:

«Was machen Medien mit den Menschen?» (Betonung der Wirkungsmacht des Mediums) und «Was machen Menschen mit den Medien?» (Betonung der Selektions- und Verarbeitungskompetenz der Person).

Eine dritte Perspektive verbindet beide Fragen und berücksichtigt die drei Ebenen **Person**, **Medium** und **Kontext** (vgl. Früh 2008).

Grundfrage(n)	**Besonderheit**	**Theorie**
Was machen Medien mit den Menschen?	Betonung der Wirkungsmacht der Medien Mensch: passiv	Stimulus-Response-Theorie Behaviorismus
Was machen die Menschen mit Medien?	Betonung der Selektions- und Verarbeitungskompetenz der Person Mensch: aktiv	Nutzen- und Belohnungsansatz (Uses and Gratifitcations Approach)
Was machen die Menschen mit Medien? **und** Was machen Medien mit den Menschen?	Betonung der kontextspezifischen Medienwirkung je nach Person, Medium und Aneignungskontext. Mensch: aktiv und passiv	Dynamisch-transaktionaler Ansatz von Früh & Schönbach (1982)

Zum Nachlesen:
http://de.wikipedia.org/wiki/Dynamisch-transaktionaler_Ansatz

Abb. 117: Was machen Menschen mit Medien? Was machen Medien mit Menschen? (Peter Holzwarth)

Abb. 118: Was machen Kinder mit Medien? Was machen Medien mit Kindern? (Peter Holzwarth)

Gemeinsam einsam? – Alleinsein mit und ohne Medien

> «Smartphones befriedigen drei Fantasien: dass wir uns immer sofort an jemanden wenden können, dass wir immer angehört werden und dass wir nie allein sind. Die Möglichkeit, nie allein sein zu müssen, verändert unsere Psyche. In dem Augenblick, in dem man allein ist, beginnt man sich zu ängstigen und greift nach dem Handy. Alleinsein ist zu einem Problem geworden, das behoben werden muss.»
> (Sherry Turkle im Interview mit Peter Haffner (Turkle & Haffner 2012))

> «Was wir Langeweile nennen, ist wichtig für unsere Entwicklung. Es ist die Zeit der Imagination, in der man an nichts Bestimmtes denkt, seine Vorstellung wandern lässt.»
> (Sherry Turkle im Interview mit Peter Haffner (Turkle & Haffner 2012))

> «Erst das Alleinsein ermöglicht, sich selber zu finden und mit anderen eine Bindung einzugehen. Können wir das nicht, wenden wir uns den anderen zu, um uns nicht zu ängstigen, ja um uns überhaupt erst lebendig zu fühlen. Die anderen werden zu einer Art Ersatzteillager für das, was uns fehlt. Einer Generation, die Alleinsein als Vereinsamung erfährt, mangelt es an Autonomie. Diese zu entwickeln, ist für Heranwachsende aber lebenswichtig.»
> (Sherry Turkle im Interview mit Peter Haffner (Turkle & Haffner 2012))

> «And most of us are addicts. And thanks also to technologies and distractions etcetera we can have a good life where we are almost certainly be guaranteed not to spend time with ourselves (…) And this is a disaster for your capacity to have a relationship with another person, because until you know yourself, you can't properly relate to another person.»
> (Alain de Botton: «Warum wirst du die falsche Person heiraten» (https://youtu.be/-EvvPZFdjyk))

Die Teilnehmenden denken darüber nach, wie es ist, mit und ohne Medien allein zu sein. Sherry Turkle beklagt, dass wir als Menschen das Alleinsein verlernen, dass wir immer ein Handy dabeihaben, um damit jederzeit ein Gefühl von Verbundenheit erfahren zu können. Die Teilnehmenden setzen sich mit den unten angeführten Fragen auseinander und schreiben ein kleines Gedicht zum Thema Alleinsein mit und ohne Medien. Stilistisch können sie sich am assoziativen Aufbau des Gedichts «Vergnügungen» von Bertolt Brecht orientieren (s. S. 38).

- Was ist der Unterschied zwischen allein sein und einsam sein?
- Dient das Alleinsein der Erholung und dem Aufladen der Batterien?
- Wann bin ich gerne allein, wann brauche ich das Alleinsein?
- Wann ist mir das Alleinsein unangenehm?
- «Allein sein ist schön, wenn man allein sein will, aber nicht, wenn man muss.» (Spruch)
- Wie ist es, allein zu sein ohne Handy, wie ist es, allein zu sein mit Handy?
- Welche Arten von Mediennutzung haben das Potenzial, Einsamkeit zu verhindern?
- Welche Formen von Mediennutzung könnten Einsamkeit fördern?
- Welche Rolle spielen Medien und Medienerfahrungen beim Alleinsein?
- Dienen Medien dazu, Gefühle von Einsamkeit zu überwinden?
- Kann das Geselligsein eine Ablenkung von eigenen Gedanken und eigenen Emotionen darstellen?

- Was genau ist das potentiell Problematische am Alleinsein (z. B. Langeweile Gedankenkreisen, FOMO (fear of missing out))?
- Spielt der soziale Vergleich auf Social Media eine Rolle bei der Einschätzung der eigenen sozialen Eingebundenheit?
- Warum sind viele Menschen in hohem Masse digital vernetzt und trotzdem einsam?
- Hat die heutige Einsamkeit auch damit zu tun, dass sich für viele Menschen traditionelle Bindungen zugunsten von Wahlfreiheiten gewandelt haben (vgl. Beck 1986)?
- Wie kann man auf eine gute Art und Weise soziale Beziehungen via Medien pflegen (Telefonate, E-Mails, SMS, Nachrichten)?

Soziale Vergleiche auf Social Media

«Ich glaub ein sehr, sehr grosser Teil ist, dass wir vor allem als junge Heranwachsende konstant mit unerreichbaren Idealen überschwappt werden in einer Masse, die vorher nicht existiert hat. (...)
Und da dieser konstante Vergleich mit anderen ist, glaube ich, eines der grössten Gründe, warum auch junge Menschen teilweise so unglücklich sind.»
(Influencerin Valentina Vapaux (Anna-Valentina Plesnar) in der Dokumentation «Nur noch gestresst: Warum steigt unsere mentale Belastung?» 8.3.2022 (FUNK, ARD/ZDF) (https://youtu.be/__y725sjTpc)

«Don't worry if you don›t look like Beyoncé in the magazines. Beyoncé doesn't even look like Beyoncé in the magazines.»
(Internet Meme)

«Morena Diaz, 25, Primarlehrerin, zeigt ihren Körper auf Social Media. Und hat damit Schlagzeilen gemacht: ‹Frau Diaz ist jetzt berühmt› oder ‹Lehrerin postet in Unterwäsche›. Diaz' Körper polarisiert. Er sticht zwischen gestählten Bäuchen und retuschierten Beinen hervor. Mutig zeigt sie Fettpölsterchen am Bauch, Dellen an den Beinen. Und wenn sie in den vielen kurzen Videos tanzt, dann tanzen die Pölsterchen mit. 74'000 Personen folgen ihr auf Instagram.»
(Frischknecht 2018)

«Vergiss nicht, dass du immer nur den Ausschnitt eines Lebens siehst, das genauso seine Höhen und Tiefen hat. Vergleiche nicht dein Innenleben mit dem Außenleben anderer.»
«yoursuperfoodsde» (Instagram)

«Wir haben unsere Community gefragt, ob und wie sie mit Körperunsicherheiten und Kommentaren diesbezüglich umgeht – und was ihr dabei hilft.»
«Ich habe aufgehört, Frauenzeitschriften zu lesen. Hilft mega!»
«srfwemyselfandwhy» (Instagram)

Früher verglichen sich Menschen mit anderen Menschen im sozialen Nahraum.

Heute vergleichen wir uns zusätzlich auch noch mit Menschen, die wir niemals face-to-face sehen werden (vgl. von Hirschhausen – https://youtu.be/QOF6d6zQvVM «Dr. Eckert von Hirschhausen – Schlaue Frauen brauchen keinen Mann» (WDR Kölner Treff))

Immer wieder ist zu lesen, dass negativ ausfallende soziale Vergleiche auf Social Media zu einer Minderung des Selbstwertgefühls führen können. Auch Forschungsergebnisse scheinen dies zu belegen:

> «Die Ergebnisse: Insbesondere Instagram führte bei den Studienteilnehmern zu einem verminderten Selbstbild und einer negativen Körperwahrnehmung bis hin zu depressiven Verstimmungen.
> Der Grund: Das Portal lebt wie kein anderes von Fotos, die die Nutzer mit Filtern und Tools nachträglich bearbeiten und damit schönfärben können. Zudem verstärke Instagram das Gefühl, etwas im Leben zu verpassen. Die befragten Nutzer fühlten sich auch häufiger einsam und schliefen schlechter» (Ulrich 2017)

Es ist davon auszugehen, dass Social Media nicht von allen Menschen gleich angeeignet wird. Die folgenden Fragen sind dabei wichtig: Was machen Medien mit Menschen? Was machen Menschen mit Medien? In welchem Kontext werden Medien genutzt? (Das dynamisch-transaktionale Modell der Medienwirkung berücksichtigt alle drei Ebenen (Früh 2008)).

Wie auch immer sich potenziell negative Aspekte entfalten können – es lohnt sich, junge Menschen mit dem Thema Social Media vertraut zu machen und ihnen die Möglichkeit zu geben, bestimmte Mechanismen und Phänomene zu durchschauen:

- Möglichkeiten der Bildveränderung und der Bildmanipulation verdeutlichen (vgl. Holzwarth 2012): Bilder inszenieren, Bildwirklichkeiten durch selektive Bildausschnitte herstellen, Bilder im Nachhinein verändern (z. B. mit dem Bildbearbeitungsprogramm Photoshop oder durch Instagram-Filter). Der Dove-Werbefilm «Evolution» kann in diesem Zusammenhang zum Einsatz kommen.
- Die Wirkung von Make-up verdeutlichen, z. B. mit Bildern von Stars, die ohne Make-up fotografiert wurden («stars without makeup»). Auch in diesem Kontext kann der Dove-Werbefilm «Evolution» gezeigt werden.
- Die Wirkung von Operationen verdeutlichen (z. B. Brustvergrösserungen, Fettabsaugungen, Facelifting)
- Die Wirkung von Kleidung verdeutlichen (z. B. schlankmachende Kleidung wie Body shaper/Shapewear, Push-Up-BHs)
- Die Wirkung von nicht-digitalen Tricks verdeutlichen (z. B. Bauch einziehen, Perspektiven ändern bzw. durch eine Vogelperspektive Doppelkinn vermeiden, bestimmte Posen wie Zehenspitzenstand, Lichteinflüsse, Kleidung oder Haut straffen)

Abb. 119: Körperveränderung ohne Photoshop: Shapewear bzw. «Body shaper» (Peter Holzwarth); links

Abb. 120: Für die Betrachterinnen und Betrachter des Fotos unsichtbar: Das Hemd sitzt perfekt, weil es am Rücken mit einer Klammer fixiert wurde (Peter Holzwarth); rechts

Hier nochmals die verschiedenen Phänomene, die man beim Betrachten von Bildern im Hinterkopf behalten sollte, in der Übersicht – gegliedert nach digitalen und nicht-digitalen Strategien:

Digitale Schönheitsstrategien	Nicht-digitale Schönheitsstrategien
Photoshop-Nachbearbeitung Normale Instagram-Filter Spezielle Beauty-Filter (bei der Aufnahme oder für die Nachbearbeitung)	Posen/Körperhaltungen Make-up, Schminke Körperoptimierende Kleidung Schönheitsoperationen

Social Media bieten nicht nur ein Forum für Models, Beauty-Influencer und Fitnessstars. Immer mehr Aktivistinnen auf Social Media arbeiten daran, Schönheitsideale in Frage zu stellen und zu dekonstruieren. Mit solchen Bildern kann gearbeitet werden, um über Schönheitsideale und verschiedene Strategien der Kommunikation von Schönheitsidealen ins Gespräch zu kommen (vgl. Holzwarth 2017c).

Abb. 121: «Let's make pictures like this a standard, not an exception!» (Instagram rosaliexfeminist)

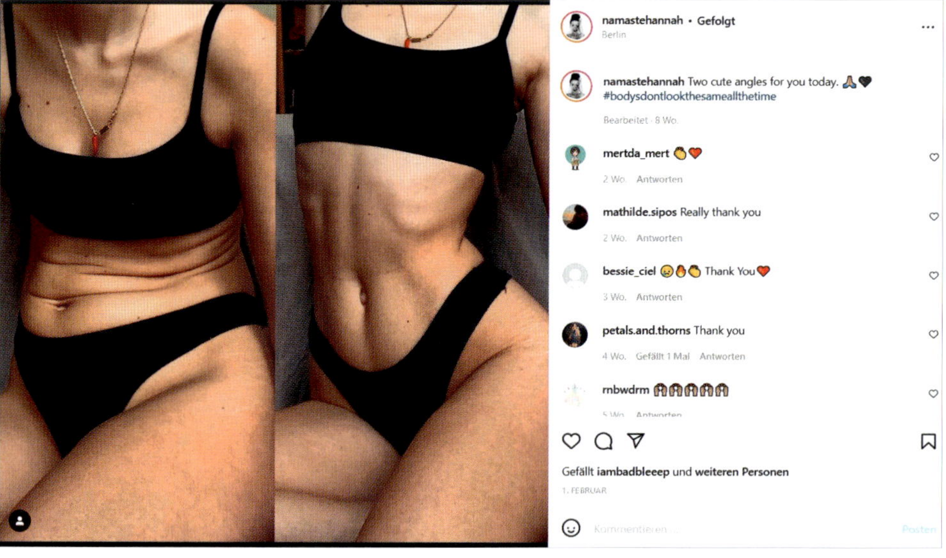

Abb. 122: Dekonstruktion von Körperhaltungen auf Social Media (Instagram namastehanna)

«rosaliexfeminist» (https://www.instagram.com/rosaliexfeminist/) veröffentlicht auf Instagram unter anderem Beiträge zu «self-love» und «body aceptance» (Abb. 121). Hannah Müller-Hillebrand / «namastehannah» (https://www.instagram.com/namastehannah/ und https://www.namastehannah.de/) zeigt unter anderem Bilder im

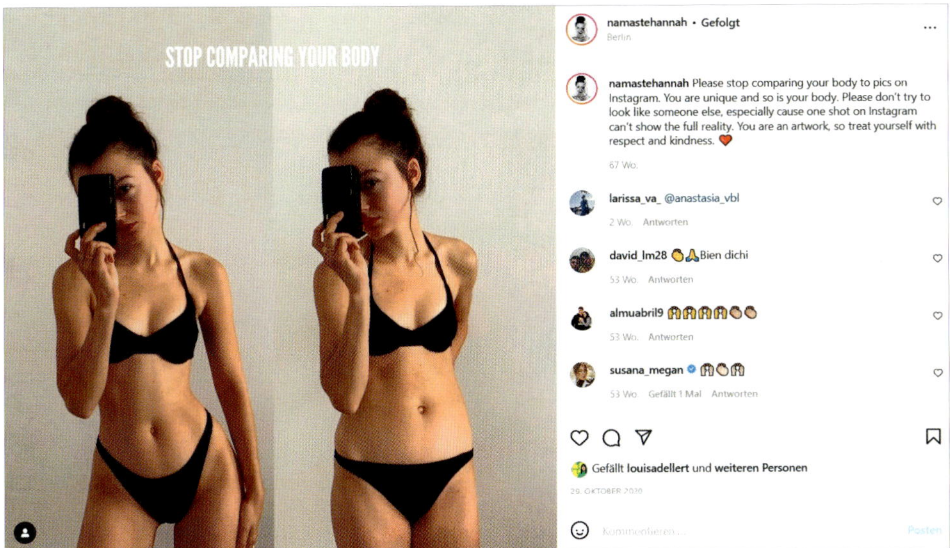

Abb. 123: Dekonstruktion von Körperhaltungen auf Social Media (Instagram namastehannah)

Vergleich, die bestimmte Posen deutlich machen (auch https://www.instagram.com/ownitbabe/) (s. Abb. 122, 123).

Bree Lenehan / «breeelenehan» (https://www.instagram.com/breeelenehan) ist eine Instagram-Aktivistin, die unter anderem den Effekt von Posen und körperstraffenden Kleidungsstücken verdeutlicht. Sie postet neben den klassisch «perfekten» Bildern auch solche, die normalerweise gelöscht oder vermieden werden (z. B. Bauch mit Falten, «tummy rolls», Cellulite, «stretch marks», Gesicht ohne Lächeln, Körperbehaarung oder Akne). Ein Zitat von ihr lautet: «I'm tired of the media controlling my self-esteem.»

Morena Diaz / «M0reniita» (https://www.instagram.com/m0reniita/ und https://m0reniita.com/) postet auf Instagram Bilder von sich, die nicht den gängigen Körperidealen entsprechen und stellt dysfunktionale Ideale in Frage. In ihrem Buch «Love your body und schließe Frieden mit dir selbst!» (Diaz 2018) geht es um Selbstliebe und Selbstakzeptanz.

Celeste Barber / «celestebarber» (https://www.instagram.com/celestebarber/ und https://celestebarber.com/) parodiert Posen von Supermodels.

Frances Cannon «frances_cannon» (https://www.instagram.com/frances_cannon/ und http://francescannonart.com/) arbeitet mit Zeichnungen und Fotografien. Sie propagiert Selbstakzeptanz und Selbstliebe in Bezug auf den eigenen, nicht perfekten Körper. Ihre Figuren entsprechen nicht dem gängigen Schlankheitsideal und sind oft unrasiert. Und doch lieben sie sich selbst und akzeptieren sich gegenseitig.

Abb. 124: Dekonstruktion von Körperhaltungen auf Social Media (@eto.luz)

Auch «eto.luz» (https://www.instagram.com/eto.luz/) macht Zeichnungen und dekonstruiert und karikiert das Verhalten mancher Menschen auf Social Media (Abb. 124).

Bei allen Diskussionen über potenziell negative Auswirkungen ist es auch wichtig, die möglichen, förderlichen Dimensionen nicht aus dem Blick zu verlieren (z. B. Identitätsentwürfe spielerisch ausprobieren, Ausdruck von Kreativität, Inspirationen für kreatives Arbeiten, Produktion für ein Publikum, Feedbackmöglichkeiten, Kontaktmöglichkeiten, Austausch und Vernetzung, Kontakthalten trotz Distanz).

Es stellt sich die Frage, ob schöne Celebrities die glücklicheren Menschen sind. Als Gegenbeispiele könnten genannt werden: Amy Winehouse (1983-2011), Avicii/Tim Bergling (1989-2018), Elvis Presley (1935-1977), Marylin Monroe (1926-1962) Robbie Williams (1974), Kurt Cobain (1967-1994) etc..

Jacob und Seebauer formulieren drei goldene Regeln für soziale Vergleiche, die für mediale und nicht-mediale Welten relevant sein können. Sie können mit den Teilnehmenden diskutiert werden.

> «Drei goldene Regeln für soziale Vergleiche
> Vergleichen Sie sich öfter ‹nach unten› als ‹nach oben› – das tut einfach gut!
> In Lebensbereichen, die Ihnen sehr wichtig sind, ist ein Vergleich ‹nach oben› aber auch mal motivierend.
> Die Vergleichsperson ‹nach oben› sollte Ihnen jedoch relativ ähnlich sein, beispielsweise sieht eine normale Frau einfach niemals wie ein Model aus!» (Jacob & Seebauer 2020, Karte 5).

Anerkennung – Selbstanerkennung

«geng we myni uhr blybt stah
mahnts mi dra das i se ja
ganz alei erfunde ha
und de dünkts mi i syg glych
no ganz e gschickte ma
fröidig zien i se de wider uf
giben ere für zwo stunde schnuuf
und mir git das für zwo stunde
das verstöht dir sicher guet
sälbschtvertrouen und e früsche muet»
(Manni matter: I han en Uhr erfunde)

Immer wenn meine Uhr stehen bleibt
Erinnert sie mich daran, dass ich sie ja
Ganz allein selbst erfunden habe
Und es kommt mir so vor als wäre ich
doch ein geschickter Mann
Freudig ziehe ich sie wieder auf
Gebe ihr für zwei Stunden Laufzeit
Und mir gibt es für zwei Stunden
Das versteht ihr sicher gut
Selbstvertrauen und frischen Mut
(Mani Matter: Ich habe eine Uhr erfunden)

«Erschaffe dir ein
Leben, das sich im
Inneren gut anfühlt.
Nicht eins, das
nach außen gut
aussieht.»
(Unbekannt)

Im Dokumentarfilm «The social dilemma» (Orlowski 2020) macht ein Mädchen im frühen Teenageralter ein Selfie, postet es und löscht es bald darauf wieder, weil zu wenig Feedback kommt. Es experimentiert mit einer Selfie-App, die virtuelle Schminkfunktionen bietet und postet erneut eine stark geschminkte Version seines Gesichts. Es bekommt positives Feedback, aber auch eine provokative Antwort, die sich auf seine Ohren bezieht, die zwischen den Haaren sichtbar sind: «Can you make your ears bigger?»

Dieses Feedback lässt das Mädchen verunsichert und traurig zurück.

Die kurze Sequenz macht deutlich, dass es schön ist, positives Feedback zu bekommen. Aber es wird auch klar, dass man sich als Mensch in eine reaktive Haltung bringen kann, in der man bereit ist, für Anerkennung vieles zu unternehmen. Ein weiteres Problem besteht darin, dass man sich auch negativen Rückmeldungen aussetzt. Von ausbleibendem positivem Feedback bis hin zu negativen Rückmeldungen oder sogar Cyberbullying.

Viele Menschen orientieren sich sehr stark an der Anerkennung durch andere. Oft unternehmen sie sehr viel, um Anerkennung in Form von Likes auf Social Media zu bekommen. Teilweise wird kritisiert, dass die Erlebnisse gar nicht mehr für sich selbst genossen werden können, sondern komplett in den Dienst von Wirkung und Anerkennung auf Social Media gestellt werden. Dies kommt im folgenden Zitat zum Ausdruck:

> «WIE FACEBOOK UNSERE GEFÜHLE STEUERT
> Und plötzlich ist es so: die besten Augenblicke im Leben werden ständig auf ihr *Likepotenzial* abgeklopft. Der erste Schnee oder dein erstes Zimmer oder sogar die ersten Schritte eines Kindes: aus den privatesten Situationen, aus Momenten, in denen du ganz bei dir warst, werden plötzlich Momente, in denen dir theoretisch Hunderte über die Schultern schauen. Und selbst wenn du sie am Ende gar nicht öffentlich machst: allein darüber *nachgedacht* zu haben, wie die Schlittenfahrt bei anderen ankommen könnte, hat dem Moment seinen Kern geraubt – seine Gegenwärtigkeit. Statt dich darin zu verlieren, hast du dich selbst von *außen* betrachtet.»
> (Zeitmagazin – https://www.facebook.com/ZEITmagazin/photos/a.387396646926.176822.327602816926/10154846510591927/?type=3)

Gestalten wir unser Leben zu sehr in Hinblick auf (mediale und nicht-mediale) Anerkennung? Sind unsere Erlebnisse nur dann gut, wenn sie «instagrammable» sind – also geeignet, um auf Instagram gepostet zu werden? In einem Fernsehinterview 2020 beschrieb der bekannte Schweizer Social-Media-Star und Komiker Bendrit Bajra selbstkritisch das Phänomen, dass er früher beim Besuch einer fremden Stadt die Orte nicht mehr nach seinem persönlichen Geschmack auswählte, sondern nach der möglichen erzielbaren Anzahl von Likes («Zoom Persönlich – Die Talkshow: Smartphone – Fluch oder Segen für unser Leben?» – https://youtu.be/wOjOmuQHUQg).

Auf Anerkennung von anderen angewiesen zu sein, kann auch Unsicherheit bedeuten. Werden die Likes auch morgen noch kommen? Wird es weiterhin ausreichend Anerkennung geben? Werden negative Feedbacks kommen? Daher ist es wichtig, auch sich selbst als Quelle von Anerkennung zu entdecken und Selbstanerkennung zu kultivieren.

Die Teilnehmenden reflektieren anhand einer Tabelle ihre eigenen Anerkennungsprozesse, d.h. die Anerkennung, die sie von anderen bekommen (medial und nicht-medial), die Anerkennung, die sie selbst anderen geben (medial und nicht-medial) und die Anerkennung, die sie sich selbst geben – unabhängig von anderen.

	Nicht-medial	**Medial**
Anerkennung von anderen bekommen	z. B. Lob bekommen für eine Arbeit, die man gemacht hat	z. B. ein «Like» auf Social Media bekommen; eine nette Textbotschaft bekommen; eine anerkennende Sprachnachricht bekommen
Anderen Anerkennung geben	z. B. jemandem sagen, was er/sie gut gemacht hat; jemandem ein Kompliment für eine Eigenschaft geben; jemandem ein Kompliment für das Aussehen machen	z. B. jemandem ein Foto schicken; andere «liken» oder einen positiven Kommentar schreiben
Sich selbst anerkennen	z. B. sich selbst sagen: «Das hast du gut gemacht!»; sich ein besonderes Essen gönnen	

Bei den Teilnehmenden werden Vorerfahrungen in Bezug auf Anerkennung/Selbstanerkennung abgeholt. Sie bekommen weitere Inspirationen und Ideen, wie Anerkennung, die man sich selbst gibt, aussehen könnte:

- Innere Monologe positiv gestalten (negativen «Self-talk» vermeiden), z. B. sich bei einem Malheur «Nächstes Mal mache ich es besser!» anstelle von «Ich Idiot/Idiotin!» sagen
- Sich selbst positive Dinge sagen
- Sich selbst auf die Schulter klopfen (im übertragenen und im wörtlichen Sinn)
- Am Ende des Tages aufschreiben, was gut gelaufen ist und was man gut gemacht hat
- Sich bewusst Pausen gönnen und mit allen Sinnen spüren und geniessen
- Am Ende des Jahres einen Rückblick machen und die eigenen Erfolge und Glücksmomente würdigen
- Sich bewusst belohnen für Dinge, die man erledigt hat bzw. gut gemacht hat
- Sich klarmachen, dass man auch ohne erreichte Leistungsziele wertvoll ist (Oft werden äussere Normen internalisiert und man wertschätzt sich so, wie man denkt, dass andere es tun würden)
- Die persönliche Umgebung/Arbeitsumgebung mit Fotos oder Bildern gestalten, die auf die eigenen positiven Gestaltungskompetenzen verweisen (vgl. Text von Mani Matter oben)
- Sich an selbst geschriebenen Texten erfreuen (z. B. Gedichte, Tagebuch, Kurzgeschichten, Essays)
- Sich mit Spuren und Zeichen der eigenen Erfolge umgeben (z. B. Urkunden, Medaillen, selbstgemachte Bilder von nahestehenden Menschen oder Fotos aufhängen, die wichtige Momente dokumentieren)

- Fotos von wichtigen Menschen aufhängen – zur Erinnerung an die eigene soziale Eingebundenheit (z. B. Freunde, Partnerin/Partner, Familie)
- Sich mit Menschen umgeben, die einem gut tun
- Menschen, die einem nicht gut, tun möglichst meiden (in medialer Form: nicht mehr folgen («to unfollow somebody»), als Freund entfernen («to unfriend somebody»)
- Selbst kochen (für sich und andere Menschen, aber auch bewusst nur für sich allein)
- Etwas selbst machen und daran Freude haben (z. B. etwas basteln, etwas pflanzen, etwas dekorieren, etwas Künstlerisches gestalten, etwas aus Ton formen)
- Fotografieren und an den eigenen Arbeiten Freude haben, Fotos bewusst auch als Ausdrucke bzw. Poster aufhängen und anderen Menschen schenken (z. B. auch als Jahreskalender)
- Durch achtsames Fotografieren bewusst die Wahrnehmung auf das Schöne und Besondere lenken
- E-Mails und Nachrichten mit positiven Rückmeldungen sammeln (Screenshot) und hin und wieder anschauen

Strategien der Anerkennungssuche sind nicht immer eindeutig problematisch oder unproblematisch. Die folgende Tabelle lädt zur Reflexion und Diskussion ein:

Zum Diskutieren: Strategien der (Selbst-)Anerkennung – problematisch oder nicht?

	Finde ich unproblematisch	**Finde ich problematisch**	**Es kommt darauf an**
Sportvideos von sich selbst posten (z. B. Skateboard/Skifahren/Laufen)			
Fan einer erfolgreichen Gruppe sein (z. B. FC Barcelona)			
Fan einer bekannten Medienpersönlichkeit sein (z. B. Rihanna, Lionel Messi)			
Andere Menschen/Gruppen abwerten (z. B. Aussenseiter in der Klasse, Menschen mit anderem Glauben)			
Sich selbst durch gekaufte Objekte aufwerten (z. B. Nike-Sportschuhe)			
Nach Likes auf Social Media streben			

Sich im Erfolg von anderen sonnen (z. B. im Fall vom Sieg der Fussball- bzw. Nationalmannschaft: «Wir haben gewonnen», im Fall von Niederlage «Sie haben verloren» sagen)			
Fotos posten, auf denen man mit vielen Freunden zu sehen ist			
Bodybuilding			
Fan eines Influencers sein			
Gewicht verlieren und viel Sport machen			
Urlaubsfotos mit schönen Bergen oder Stränden posten			
Selbst gekochtes Essen fotografieren und posten			
Essen aus dem Restaurant fotografieren und posten			
Sich mit seinem Partner Arm in Arm fotografieren und posten			
Fotos posten, die andere Menschen gemacht haben			

«Wunderschachtel» (Portmann 2020, S. 21)

In eine Schachtel (z. B. Schuhkarton mit Deckel) wurde am Boden ein Spiegel eingeklebt. Die Teilnehmenden sitzen im Kreis. Sie bekommen die Information, dass es sich um eine ganz spezielle Schachtel handelt und dass sie das Bild einer einzigartigen Person sehen werden.

Bevor die Schachtel herumgegeben wird, müssen die Teilnehmenden versprechen, dass sie nicht verraten, welche Person sie in der Schachtel gesehen haben.

Was löst es wohl bei den Teilnehmenden aus, sich in einem solchen Kontext selbst zu sehen?

Was wir selbst kontrollieren können

> «Gott, gib mir die Gelassenheit,
> Dinge hinzunehmen, die ich nicht ändern kann,
> den Mut, Dinge zu ändern, die ich ändern kann,
> und die Weisheit, das eine vom anderen zu unterscheiden.»
> Reinhold Niebuhr

> «Wie geht dieses alte chinesische Sprichwort?
> Man braucht den Ehrgeiz, alles zu ändern,
> was man irgendwie no ändern kann.
> Man braucht die Ruhe, wegzustecken,
> was man sicher nimmer ändern kann.
> Und man braucht die Weisheit zu erkennen,
> was kann i jetzt ändern
> und was is dann praktisch eh scho wurscht.»
> (Aus dem Film «Poppitz», Harald Sicheritz, Österreich 2002)

Jeder Mensch lebt in Strukturen, die nicht veränderbar sind (z. B. politische Verhältnisse, Machthierarchien). Innerhalb dieser Strukturen gibt es Spielräume und Gestaltungsräume (vgl. «Struktur» und «Agency» bei Giddens 1984). Manchmal fällt es schwer, diese Gestaltungsräume wahrzunehmen, zum Beispiel, wenn sich die Arbeit anfühlt wie ein Hamsterrad. Das folgende Schreibprojekt dient der Wahrnehmung und Wertschätzung von Gestaltungsmöglichkeiten.

Die Teilnehmenden schreiben ein Gedicht mit der Überschrift «Dinge, die ich kontrollieren kann». Darunter listen sie die verschiedenen Aspekte auf, die sie selbst gestalten und entscheiden können (s. Beispielgedicht von Ruben Chavez)

«Things you can control:
1. Your beliefs
2. Your attitude
3. Your thoughts
4. Your perspective
5. How honest you are
6. Who your friends are
7. What books you read
8. How often you exercise
9. The type of food you eat
10. How many risks you take
11. How you interpret situations
12. How kind you are to others
13. How kind you are to yourself
14. How often you say ‹I love you›
15. How often you say ‹thank you›

16. How you express your feelings
17. Whether or not you ask for help
18. How often you practice gratitude
19. How many times you smile today
20. The amount of effort you put forth
21. How you spend/invest your money
22. How much time you spend worrying
23. How often you think about your past
24. Whether or not you judge other people
25. Whether or not you try again after a setback
26. How much you appreciate the things you have»

Ruben Chavez «thinkgrowprosper» (Instagram)

Es besteht auch die Möglichkeit, das Gedicht auf Medienthemen zu fokussieren:

Mediendinge, die ich kontrolliere:

- Die Bücher, die ich lese
- Die Fotos, die ich mache
- Die Bilder, die ich teile
- Die Likes, die ich vergebe
- Die Angebote, die ich abonniere
- Die Posts, die ich weiterwische
- Die Artikel, die ich lese
- Die Texte, die ich schreibe
- Die Freundschaften, die ich akzeptiere
- Die Zeitung, die ich kaufe
- Die Messages, die ich texte
- Die Emojis, die ich sende
- Die Kritik, die ich formuliere
- Die Nähe, die ich herstelle
- Das Wissen, das ich aneigne
- Die Influencer, denen ich Einfluss erlaube
- Die Dankbarkeit, die ich zeige
- Die Inspiration, die ich teile
- Das Anliegen, das ich supporte
- Die Links, die ich empfehle
- Die Filme, die ich schaue
- Die Online-Käufe, die ich (nicht) mache
- Die Medienstars, die ich bewundere
- Den Ort, an dem ich mein Handy deponiere, wenn ich jemanden treffe

Spiel mir dieses Lied, zeig mir dieses Bild – können Medien trösten?

«Spiel mir das Lied,
welches Leid und Sorgen
verblassen lässt.
Das Lied, welches mich im Verborgenen
– oder nicht –
zum Tanzen veranlasst.

Die Melodie,
die Körper, Geist und Seele
allumfassend
schwerelos macht.
Machtvoll und stark.
Kurz und intensiv
– oder langanhaltend und weitreichend,
aber immer vorantreibend.

Das Lied, das uns auftankt.
Nach Belieben Ruhe, Frieden,
Energie und Freude gibt.
Immer genau,
wonach wir uns sehnen.
Sich wie ein Geschenk anfühlt.
(…)»
(Kelly Vass, 2021)

«Machen Sie doch eine Playlist,
die Sie wie eine Notfall-Apotheke verwenden können.
Wenn nichts mehr geht, dann geht Musik.
(…)»
(Lena Stäheli, 2021)

«Und seit Jahren schwebte mir, wie bereits erwähnt,
diese ‹Lyrische Hausapotheke› vor. Ein der Therapie dienendes Taschenbuch.»
Erich Kästner (2021) (Doktor Erich Kästners Lyrische Hausapotheke)

Die folgende Projektidee ist inspiriert von Gedichten von Kelly Vass und Lena Stäheli (s. oben). Die Teilnehmenden diskutieren in Zweiergruppen über Medien, die ihnen in herausfordernden Zeiten Trost und Zuversicht spenden – Medien, die einem Energie geben. In der Musiksoziologie wird bei diesem Phänomen von «Mood-management» gesprochen (vgl. Schramm 2005).

Die Teilnehmenden erstellen individuell einen Ordner, in den sie Bilder, Texte, Filme und Lieder hineinkopieren, die ein Potenzial für Aufmunterung in schwierigen Zeiten haben. Es können mp3-, mp4- und jpg-Dateien sein, oder ein Textdokument mit eingefügten Fotos und einer Liste mit YouTube-Links.

Es können auch Liedtexte, Gedichte, Musiknoten oder Gitarrengriffe in das Dokument eingefügt werden. Auch eine selbst gepfiffene Lieblingsmelodie, die mit dem Handy aufgenommen wurde, ist möglich.

Abb. 125: Beispiel (Peter Holzwarth)

Manche Lieder haben eine besondere biografische Bedeutung – sie erinnern an wichtige Personen oder Ereignisse. Oft drücken Melodien, Texte oder Musikclips besonders gut eigene Gefühle aus, sie können zum Beispiel sagen: Du bist nicht allein, andere haben auch schon so gefühlt. Auch ein aufgenommenes Stück einer geliebten Sprache kann in den Ordner aufgenommen werden.

Auch Fotos von wichtigen Menschen können einen daran erinnern, dass man nicht allein im Leben ist – auch Selfies oder Selbstportraits können genutzt werden. Visualisierte Erfolge können einen an eigene Stärken erinnern (z. B. Siegerehrungen, Urkundenverleihungen, Bergbesteigungen, Paar-Selfies, Fotos vor wichtigen Monumenten etc.). Auch Fotos von Orten, die einem Kraft gegeben haben und Kraft geben werden, können hilfreiche Erinnerungen sein. Lieblingsfilmszenen können einen ebenfalls berühren.

Am Ende werden einzelne Medien in Zweiergruppen oder auch im Plenum vorgestellt. Es ist dabei zu beachten, dass es um sehr persönliche Aspekte geht.

Die Teilnehmenden bewahren ihre Ordner auf wie eine Notfall-Apotheke, um sich, wenn nötig, «kurieren» oder «auftanken» zu können.

Achtsames Fotografieren

«Achtsamkeit bedeutet, auf eine bestimmte Weise aufmerksam zu sein: bewusst, im gegenwärtigen Augenblick und ohne zu urteilen.»
Jon Kabat Zinn

«Das wichtigste Ziel der Achtsamkeitspraxis ist, mit sich selbst in Kontakt zu kommen.»
Jon Kabat Zinn

«Der fotografische Prozess erlaubt es nämlich, im Hier und Jetzt zu verweilen. Wenn wir es schaffen, ganz in diesem Prozess aufzugehen, werden wir automatisch stiller, fokussierter, konzentrierter. (...) Es reicht, wenn wir unseren Geist ausrichten, den fotografischen Prozess nutzen, auch um unseren Geist zu schulen. Hierzu müssen wir also nicht in den Bergen wandern gehen, denn wir können überall fotografieren. Wir können überall achtsam sein.»
(Barnow 2016, S.112)

«I Forgot My Phone» heisst ein Film auf YouTube (https://youtu.be/OINa46HeWg8), in dem sich Menschen durch Smartphone-Fotografie vom eigentlichen Erleben ablenken lassen.

Ein Werbefilm von Apple dagegen – «Apple iPhone 5 Commercial – Photos Every Day» (https://youtu.be/rw0AXq5t5JY) -– zeigt Menschen, die sich durch Fotografie für kleine Details im Alltag öffnen und Freude am Fotografieren zelebrieren.

Die Teilnehmenden bekommen beide Filme gezeigt und diskutieren in Zweiergruppen über ihre eigene fotografische Praxis.

Folgende Fragen können auf den Weg mitgegeben werden:

- Was begünstigt eine fotografische Praxis, die das bewusste Erleben des gegenwärtigen Moments ermöglicht?
- Was verhindert oder erschwert sie?

Ideen für das Begünstigen einer achtsamen Haltung

- Sich Zeit nehmen für das Fotografieren (z. B. mit Menschen, die man fotografiert länger reden)
- Allein fotografieren oder mit jemandem, der sich auch Zeit genommen hat, Fotos zu machen
- Nicht schnell von Motiv zu Motiv eilen, sondern sich jeweils eingehend mit einem Sujet beschäftigen
- Viele verschiedene Fotos von einem Motiv machen (verschiedene Perspektiven, Einstellungsgrössen, Belichtungen etc.)
- In Serien denken und fotografieren (nicht nur in einzelnen Bildern)
- Möglichst jeden Tag Fotos machen (vgl. Ulrich 2019)
- Kamera oder Handy im Automatikmodus nutzen, um sich nicht von Überlegungen zur Technik ablenken zu lassen (Gustavo Minas)

- Sich hin und wieder auf bestimmte ästhetische Aspekte fokussieren (z. B. Farbe Blau, Strukturen, Schatten, Spiegelungen)
- Sich Zeit nehmen für das Betrachten der Ergebnisse (Was sagen die Fotos aus über den Ort, den Stadtteil, die Stadt, das Land die Landschaft, die Region, die Gesellschaft, die Welt? Was sagen die Fotos über mich aus?)
- Nach Möglichkeit auch mit anderen Personen Ergebnisse betrachten, so können neue Perspektiven auf das Eigene kennengelernt werden (Möglicherweise sieht die andere Person Dinge in meinen Bildern, die ich selbst nicht wahrgenommen habe.)
- Die Makro-Welt fotografisch entdecken (z. B. Flechten auf einem Stein, Äderungen auf einem Laubblatt)
- Aus anderen Perspektiven fotografieren (z. B. Froschperspektive, Upside-down-Perspektive)
- Blindes Fotografieren (Die fotografierende Person hält eine Kamera in der Hand, die sich ohne Sichtkontakt bedienen lässt, Danach werden ihr die Augen verbunden. Sie bekommt die Möglichkeit, ein Objekt zu ertasten, z. B. eine Skulptur, einen Baumstamm, eine Muschel, das Gesicht eines anderen Menschen, den Körper eines anderen Menschen oder den eigenen Körper, und macht eine Serie von Aufnahmen. Wie wirkt sich der fehlende Sehsinn auf das Fotografieren aus? Welche Bedeutung bekommen andere Sinne wie Tasten oder Hören?)
- Veränderungen über die Zeit durch Fotografie sichtbar machen (Jahreszeiten, Verrotten von organischem Material, Baustellen)
- Experimentieren (Unschärfen, Kamerabewegungen, Überbelichtungen)
- Ethische Verantwortung wahrnehmen (Menschen nach Möglichkeit fragen, bevor man sie fotografiert, Menschen das Zusenden von Bildern anbieten, Menschen nicht in Situationen fotografieren, die ihnen schaden könnten, Menschen nicht in Situationen fotografieren, die sie blossstellen)

Fragen zum Nachdenken:

- Ist das Festhalten eines Moments und dessen Materialisierung im Bild vereinbar mit dem Fokus auf den gegenwärtigen Augenblick? Vgl. Abwandlung des Zitats von Anaïs Nin: «We write to taste life twice, in the moment and in retrospect.»: «We take pictures to taste life twice, in the moment and in retrospect.»
- Was sagen unsere Fotos über die Dinge aus, die wir fotografieren, was sagen sie über uns selbst aus? Vgl. Zitat von Anaïs Nin: «We don't see things as they are, we see them as we are.»
- Was ist der Unterschied zwischen achtsamem Fotografieren und dem Flow-Erlebnis beim Fotografieren (vgl. Csíkszentmihályi)? Ist das eine eine Spielart des anderen?

Meine Selfies, deine Selfies

> «Die hohe Selbstoptimierung durch Inszenierungstricks, Filter etc. ist ein geschlechterspezifisches Thema, betrifft aber auch einige Jungen. Mädchen sind dabei im Vergleich beim Posten aktiver, haben mehr Idealvorstellungen von ihrer Selbstinszenierung und nutzen häufiger Filter, um ihren Körper auf Abbildungen zu verändern. Bei den 12- bis 19-jährigen Mädchen verändern etwa vier von zehn Mädchen regelmäßig mit Filtern ihre Erscheinung auf Bildern, die sie auf Instagram veröffentlichen, wobei der Prozentsatz mit dem Alter deutlich steigt.»
> (Götz 2019, S. 19)

> «Seit einigen Jahren, erzählt der Facharzt für ästhetische und plastische Chirurgie, kämen immer mehr junge Menschen zu ihm in die Sprechstunde, die so aussehen wollten wie ihr Filter-Ich: die Wangenknochen höher, die Lippen voller, die Nase schmaler. ‹Früher brachten mir meine Patienten Fotos von Schauspielerinnen und Schauspielern, heute zeigen sie mir gemorphte Selfies auf dem Smartphone›, sagt er.»
> (Voit 2021)

Das Selfie-Phänomen ist längst nicht mehr neu. Aber es ergeben sich immer wieder aktuelle Fragen in Bezug auf Chancen und Risiken.

Die Teilnehmenden finden sich in Zweiergruppen zusammen und befragen sich gegenseitig zum Thema Selfies:

- Wie findest du Selfies allgemein?
- Machst du Selfies?
- Warum machst du Selfies?
- In welchen Situationen machst du Selfies?
- Machst du Zweier- oder Gruppenselfies?
- Machst du vorher oder nachher Filter drauf?
- Nimmst du Instagram-Filter?
- Verwendest du Beauty-Apps?
- Teilst du deine Selfies mit anderen Leuten?
- Teilst du deine Selfies auf Social Media?
- Hast du schon Likes für Selfies bekommen?
- Hast du schon Selfies von anderen gelikt?
- Worauf achtest du bei Selfies (z. B. leichte Vogelperspektive)?
- Hast du einen Selfie-Stick?
- Machst du auch Selfies in Filmform (TikTok, Instagram Reels, Vertical-Videos)?
- Gibt es aus deiner Sicht etwas Peinliches am Selfie-Machen?
- Gibt es etwas an der Selfie-Kultur, das dich stört?
- Fördert die Selfie-Kultur die Beschäftigung mit dem eigenen Aussehen (bei dir persönlich)?
- Fördert die Selfie-Kultur die Beschäftigung mit dem eigenen Aussehen (bezogen auf die gesamte Gesellschaft)?
- Fördert die Selfie-Kultur die persönliche Selbstoptimierung in Bezug auf das Aussehen?
- Fördert die Selfie-Kultur den Vergleich mit anderen?

Am Ende werden die Erkenntnisse aus den Zweiergruppen in der Gesamtgruppe diskutiert.

Eine weitere Aktivität kann darin bestehen, Internetsprüche und Zitate über Selfies zu sammeln und zu diskutieren. Der Gruppe kann auch eine Auswahl an Sprüchen vorgelegt werden, z. B.:

> «But first let me take a selfie.»
> «Arbeite an dir selbst, nicht an deinem Selfie.»
> «A selfie a day keep insecurities away.»
> «Believe in your selfie.»
> «If you could take a selfie of your soul. Would it be attractive enough to post?»
> «I have no selfie control.»
> «They call it a selfie because narcissistic is too hard to spell.»

Empathie lernen mit Film

Bei der Filmrezeption finden Prozesse der Identifikation und der Empathie statt. Das Hineinversetzen in andere Personen kann geübt werden, indem Teilnehmende motiviert werden, zu ausgewählten Standbildern Sprech- oder Denkblasen auszufüllen. So können sich die Teilnehmenden aktiv in die Filmfiguren hineinversetzen und Gefühle verbalisieren, die so im Film nicht direkt zum Ausdruck kommen (vgl. Holzwarth & Maurer 2019). Später können Gemeinsamkeiten und Unterschiede von Wahrnehmungen verglichen werden.

Abb. 126: Was empfindet Heidi in diesem Moment? Standbild mit Denkblase zum Ausfüllen (Standbild: «Heidi», Alain Gsponer, Schweiz 2015)

Gedanken und Glaubenssätze bewusst machen, hinterfragen und entwickeln

«Be careful
how you are
talking to
yourself
because you
are listening.»
Lisa M. Hayers; Instagram «projecthappiness_org»

Unsere alltäglichen Gedanken und Glaubenssätze können einen starken Einfluss auf unsere Emotionen und unser Handeln haben. Migge definiert Glaubenssätze folgendermassen: «Glaubenssätze sind tiefe, innere, in der Regel nicht hinterfragte Überzeugungen, die fast immer in Form eines unbewussten inneren Monologs oder einer Verhaltensvorschrift wirken. (...) Auch Sprichwörter tradieren gelegentlich solche Überzeugungen.» (Migge 2014, S. 342).

Hier ein paar Beispiele für funktionale und weniger funktionale Glaubenssätze:

Ich bin in Ordnung so wie ich bin.
Man kann immer aus Allem das Beste machen.
Ich konzentriere mich auf das, was ich kontrollieren kann.
Alles was mir passiert, dient meiner Entwicklung.
Ich darf mir auch mal eine Pause gönnen!

Ich darf keine Fehler machen!
Ich muss besser sein als die anderen!
Immer trifft es mich!
Ich muss laut werden, um gehört zu werden.
Ich bin viel zu nett zu anderen Menschen.
Ich muss viel leisten, um gemocht zu werden.

Hier Beispiele für Sprichwörter und Zitate:

«Was Hänschen nicht lernt, lernt Hans nimmermehr.»
«S isch älles bloss a Weile schee.» (Es ist alles nur eine Weile schön.) (schwäbisches Sprichwort)
«Life is like photography, we develop form the negatives.»
«Wer anderen eine Blume sät, blüht selber auf.»

«Man darf nie an die ganze Strasse auf einmal denken, immer nur an den nächsten Besenstrich.» (aus Momo von Michael Ende)
«Jedem Dierle sei Plaisierle» (wörtlich: Jedem Tierchen seine kleine Freude; sinngemäss: Jeder soll nach seiner Façon selig werden.) (schwäbisches Sprichwort)
«Wenn das Leben dir Zitronen gibt, mach Limonade daraus!»
«If plan A didn't work the alphabet has 25 more letters. Stay cool.»
«Gschäch nüt Schlimmers.» (sinngemäss: Solange nichts Schlimmeres passiert.) (Schweizer Redensart)
«Das letzte Hemd hat keine Taschen.»

Sehr oft halten uns negative Gedanken davon ab, Dinge zu tun, die wir wollen, oder sie führen dazu, dass unser Selbstwertgefühl auf einem niedrigen Niveau verharrt. Häufig stammen problematische Glaubenssätze aus der Kindheit oder Jugend und basieren auf negativen Rückmeldungen von Eltern oder Lehrpersonen. Teilweise werden negative biografische Erfahrungen verallgemeinert, auch um sich für die Zukunft zu schützen. Manchmal stammen negative Gedanken aus einer früheren biografischen Lebensphase und passen nicht mehr zu der Person, die sich weiterentwickelt hat.

Die folgende Übung kann helfen, negative Gedanken oder negative Denkmuster zu entdecken und daraus positive zu entwickeln.

Ein Portraitfoto wird in die Mitte eines weissen Blattes geklebt. Um das Foto herum werden Denkblasen gemalt, die mit Glaubenssätzen ausgefüllt werden.

Die Darstellung der Glaubenssätze kann folgendermassen strukturiert werden:

Auf die linke Seite kommen Glaubenssätze, die einem problematisch vorkommen, die man ändern will, auf die rechte Seite solche, die einem gefallen, die man beibehalten will.

Direkt über das Bild kommen Glaubenssätze, die man neu für sich kultivieren will.

Dies können ganz neue sein oder bestehende, die man positiv umformuliert hat. Eine alternative, einfachere Darstellung kann darin bestehen, ein Portrait mit einer Denkblase zu kombinieren. In die Denkblase wird der angestrebte Glaubenssatz geschrieben.

	Glaubenssätze für die Zukunft	
Vorhandene, problematische bzw. negative Glaubenssätze	Portrait (Foto, Passfoto, Selfie oder Zeichnung)	Vorhandene, positive Glaubenssätze

Abb. 127: Struktur für die Reflexion von Glaubenssätzen (Peter Holzwarth)

Fotodankbarkeitstagebuch (vgl. Kekeritz & Graf 2015)

«If you can read this message…
Had a long, hard day? Here's some perspective.
If you have food in your fridge, clothes on your back, a roof over your head and a place to sleep
you are richer than 75% of the world.
If you have money in the bank, your wallet, and some spare change
you are among the top 8% of the world's wealthy.
If you woke up this morning with more health than illness
you are more blessed than the million people who will not survive this week.
If you have never experienced the danger of battle, the agony of imprisonment or torture,
or the horrible pangs of starvation you are luckier than 500 million people alive and suffering.
If you can read this message you are more fortunate than 3 billion people in the world
who cannot read it at all.»
(Unknown; https://www.elephantjournal.com/2013/07/534208/)

«Dankbarkeit wurde als ein Phänomen nachgewiesen, dessen Pflege das Wohlbefinden des Menschen fördern kann. Im Rahmen einer zunehmenden Ressourcenorientierung in der Pädagogik bietet Dankbarkeit ein Feld, das dem Kind die Ressourcen seines Lebens bewusst machen kann.»
(Kekeritz & Graf 2015, S. 14)

«Danke für meine Arbeitsstelle
Danke für jedes kleine Glück
Danke für alles Frohe, Helle
Und für die Musik.»
Aus dem Lied: «Danke für diesen guten Morgen»
(Martin Gotthard Schneider)

Es wurde darauf hingewiesen, dass der Mensch entwicklungsgeschichtlich bedingt an der Antizipation des Negativen orientiert ist. In früheren Zeiten, als wilde Tiere oder feindliche Stammesgruppen eine Bedrohung darstellten, war es für das Überleben relevant, Gefahren vorwegnehmen zu können. Am potenziell Negativen orientiert zu sein, war im Sinne des Überlebens etwas Positives. Heute, da der Menschen mit weniger unmittelbaren Bedrohungen lebt, ist diese Geisteshaltung nicht mehr ganz so funktional. Im Gegenteil, die häufig vorgenommene Vorwegnahme des Negativen kann Lebensqualität beeinträchtigen. Das Kultivieren von Dankbarkeit ist aus diesem Grund wichtig. Oft vergisst der Mensch vor lauter Alltagssorgen das Positive. Dankbarkeit kann in Worten oder in Bildern kultiviert werden oder in beiden Ausdrucksformen. Diese Projektidee bezieht sich auf ein Fotodankbarkeitstagebuch, für das die produzierende Person jeden Tag ein Bild macht. Die Abbildung kann symbolisch für einen Dankbarkeitsaspekt stehen: das Foto einer Blumenknospe für das Leben, das noch vor einem liegt oder das Bild einer wichtigen Person (z. B. des Bruders), eines wichtigen Ortes (z. B. der Lieblingsbadestelle) oder eines wichtigen Objektes (z. B. des Fotoapparats) etc.

Die Bilder können in ein Word-Dokument integriert und kommentiert werden. Man kann sie aber auch auf Instagram oder einem Blog sammeln.

Wofür kann man dankbar sein?

Menschen	Familie, Partnerin/Partner, Freunde, Bekannte
Tiere	Haustier, Tiere in der Natur
Natur	Lieblingsorte, Lieblingsbadestelle, Blumen, Pflanzen
Materielle Dinge	Musikinstrumente, Medien, selbstgeschaffene Kunstwerke oder Bastelarbeiten, Geschenke, Urlaubsandenken, Ersparnisse, Immobilien, Fahrrad, Auto, Moped, Pass eines Landes
Immaterielle Dinge	Kunst, Musik, Poesie, Gedanken, Werte (Demokratie, Frieden, Toleranz, Mitgefühl), Spiritualität, Glaube, Liebe, Hoffnung, Sexualität, Freiheit, Reisen, eigene Fähigkeiten, Kompetenzen, verfügbare Zeit, Erfolge, Zugehörigkeit zu einem Land
Gebäude und Institutionen	Eigenes Zuhause, Lieblingscafé, Schulhaus, Lieblingsbuchladen, Lieblingspark, Kirche/Moschee/Synagoge/Tempel
...	...

Dankbarkeits-Collage

> «Die amerikanischen Psychologen Emmons und McCullough zeigten auf, dass Probanden, die täglich Dankbarkeitstagebücher führten, über ein höheres Maß an Zielstrebigkeit, Enthusiasmus, Achtsamkeit und Hilfsbereitschaft und ein geringeres Maß an Neid und Depression berichteten (McCullough et al. 2002). (...) Dankbarkeit fördert die Bildung und den Erhalt positiver Beziehungen und stärkt diese.»
> (Kekeritz & Graf 2015, S. 9 u. 10)

> «In a world that wants you counting money, Facebook likes, pounds, calories and steps, be a rebel... and count your blessings instead.»
> Internetspruch (https://www.facebook.com/ThinkPositivePower/photos)

Die Teilnehmenden nehmen sich zehn Minuten Zeit und notieren Dinge, für die sie in ihrem Leben allgemein dankbar sind (vgl. Tabelle oben).

Später werden die geschriebenen Aspekte zusammen mit Fotos zu einer Art Collage gestaltet. Es können bereits bestehende oder neu fotografierte Bilder sein. Möglich ist eine analoge Collage auf einem DIN-A4- oder DIN-A3-Blatt oder eine digitale mit Word oder PowerPoint.

Schatzhefte mit Bildern und Text produzieren (Schädeli 2021, S. 40)

Die Teilnehmenden bekommen ein Heft mit weissen, leeren Blättern ausgehändigt und werden motiviert, über längere Zeit hinweg ihre «Schätze» in Text und Bild zu dokumentieren und zu gestalten (z. B. positive Dinge, wie Komplimente von anderen, Aspekte, für die man dankbar sein kann, persönliche Erfolge, schöne Begegnungen, kleine Gedichte und Beobachtungen, Bilder von wichtigen Menschen, Orten oder

Objekten, abfotografierte Briefe und Nachrichten, Zeichnungen, gepresste Blätter oder Blumen, Eintrittskarten etc.).

Diese gestalterische Praxis kann helfen, die eigenen Schätze bewusster wahrzunehmen und sie im Alltag nicht aus dem Blick zu lassen.

«Heute beim Telefonieren» (Rossa & Rossa 2021): Emotionen am Handy

Die Teilnehmenden gehen durch den Raum, halten ein imaginäres Handy ans Ohr und tun so, als würden sie telefonieren. Eine Person, die auf einem Stuhl in der Mitte des Raumes steht, ruft ein Gefühl in den Raum (z. B. Wut). Die Teilnehmenden beginnen wütend zu telefonieren. Nach einer Weile wird ein neues Gefühl ausgerufen und die Art zu telefonieren, ändert sich entsprechend. Die Rolle der Person, die Gefühle ausruft, kann im Verlauf des Spiels wechseln.

Im Anschluss an das Spiel wird die Erfahrung diskutiert.
- Wie haben sich die Teilnehmenden gefühlt bei den verschiedenen Emotionen?
- Kann man im Alltag auch erkennen, welche Emotionalität eine Person am Telefon hat?
- Kann man die Emotionalität allein an der Stimme erkennen oder nur, wenn man die ganze Person sieht (Körpersprache, Gestik)?
- In welchen gesellschaftlichen Kontexten dürfen wir unsere Gefühle zeigen – in welchen nicht?
- Welche Gefühle gelten in unserer Gesellschaft als «vorzeigbar» – welche nicht? Ist die Vorzeigbarkeit auch kontextspezifisch?
- Vielen Menschen fällt der Umgang mit Emotionen wie Wut, Traurigkeit oder Frustration schwer. Gibt es fiktionale oder reale, mediale Beispiele für den Umgang mit Emotionen (z. B. Hulk, Wutrede von Trainer Giovanni Trapattoni, Lied «If you 're happy and you know it»)?

Felderkundung im Supermarkt mit Fotokamera und Schreibblock

Die Teilnehmenden gehen in Zweiergruppen mit Protokollblock, Kugelschreiber und Fotokamera in den Supermarkt und dokumentieren Verkaufsförderungsstrategien, denen man sich oft nicht bewusst ist: angenehme Musik, angenehmer Duft, absichtliche Lenkung des Einkaufswegs an vielen Angeboten vorbei, absichtliche Grifflücken in Regalen, die suggerieren, dass schon einiges verkauft wurde, «Kundenstopper» und «Regalstopper», die Aufmerksamkeit erzeugen, spezielle Angebote im Wartebereich vor der Kasse («Quengelware»), Preisschilder mit Vorher-Nachher-Preis, Preise, die optisch günstig wirken («9.95», «1.99»), Bonus-Sammelsysteme, die Kundentreue und grössere Kaufmengen zum Ziel haben.

Abb. 128: «Regalstopper» in einem Supermarkt (Peter Holzwarth)

Falls möglich, dokumentieren die Teilnehmenden visualisierbare Strategien mit der Kamera (z. B. mit der Handy-Kamera). Am Ende präsentieren und vergleichen die Teams in der Gesamtgruppe.

«Dark Pattern»: Erforschung von digitalen Designstrategien

> «Ein Dark Pattern ist ein Benutzerschnittstellen-Design, das sorgfältig darauf ausgelegt ist, einen Benutzer dazu zu bringen, bestimmte Tätigkeiten auszuführen, die dessen Interessen entgegenlaufen.»
> (https://de.wikipedia.org/wiki/Dark_Pattern)

> «What are Dark Patterns? Tricks, tactics applied in order to make the users do something they did not intended to do in the first place. In some cases, there is a very fine line between persuasive design/influencing user behavior and deliberately tricking them (most often for getting short-term advantages).»
> (Szerovay 2017)

Viele kennen die Situation: Man möchte auf einer Online-Buchungsplattform ein günstiges und schönes Hotelzimmer finden. Bei der Recherche hat man etwas Interessantes gefunden. Es wird eingeblendet: «Nur noch ein Zimmer in dieser Preiskategorie verfügbar» oder «Neun Personen schauen sich gerade dieses Angebot an».

Die Kommunikationsstrategie kann folgendermassen beschrieben werden: Durch die Botschaft wird das Produkt als knappe Ware dargestellt, wodurch die Kaufmotivation gesteigert werden soll. Die Kenntnis solcher Strategien ist ein wichtiger Aspekt von Medienkompetenz. Je stärker man sich ihrer bewusst ist, desto weniger kann man zu Schaden kommen. Die Teilnehmenden begeben sich mit einer forschenden Perspektive in die Welt von Apps und Internetseiten. Sie untersuchen folgende Frage:

Welche digitalen Designstrategien wurden entwickelt, um unser Nutzungsverhalten zu Gunsten der Anbieter zu beeinflussen (z. B. etwas kaufen, obwohl man noch nicht ganz sicher ist)?

Die Teilnehmenden sammeln Fotos bzw. Screenshots der Phänomene und dokumentieren und analysieren ihre Funde.

Beispiele:

- Knappheit: Im Prozess der Kaufentscheidung gibt es Hinweise auf Knappheit und Beliebtheit des Produktes (s. Beispiel Hotelzimmer oben).
- Versteckte Kosten: Man wird beispielsweise bei einer Flugplattform durch sehr niedrige Preise angelockt. Im Verlauf des Buchungsprozesses kommen immer mehr Kosten hinzu (extra Gepäck, extra Sitzplatz, extra Gebühr).
- Zusätzlich zum gewählten Produkt werden weitere Produkte angeboten.
- Zustimmungsbuttons sind gross und farbig, Ablehnungsbuttons sind unauffällig gestaltet. Damit soll Zustimmung wahrscheinlicher gemacht werden.
- Bei Online-Angeboten werden nicht nur zwei Preis- und Qualitätsvarianten angeboten wie hier:

Tablet «standard» für 69.--	Tablet «premium» für 119.--

Es wird zusätzlich eine dritte irrelevante, teurere Alternative angeboten:

Tablet «standard» für 69.--	Tablet «premium» für 119.-	Tablet «deluxe» für 189.--

119 Franken erscheinen im Vergleich zu 69 Franken eher teuer, im Vergleich zu 189 Franken jedoch ganz vernünftig. Menschen neigen oft zur mittleren Alternative (nicht das billigste und nicht das teuerste Produkt). Mit dieser Strategie ist die Wahrscheinlichkeit, dass sich Menschen für den Kauf des Produkts in der mittleren Preisklasse entscheiden, erhöht. Das Phänomen wird als «Decoy-Effect» bezeichnet (vgl. «funk» (ARD/ZDF) «psychogeek» – https://youtu.be/OxrEh6ZSaWA).

- Infinite Scrolling bzw. fehlende stopping cues (Endsignale): Man kann z. B. bei Instagram und Facebook unendlich weit scrollen, ohne dass es ein natürliches Ende gibt. Eine Zeitung ist irgendwann durchgeblättert, eine Nachrichtensendung ist irgendwann zu Ende. In diesem Sinne haben Zeitung und Nachrichtensendung stopping cues. «Stopping cues were everywhere in the 20th century, they were baked into everything we did. A stopping cue is basically a signal that it's time to move on, to do something new, to do something different. And think about newspapers; eventually you get to the end, you fold the newspaper away, you put it aside.» (Adam Alter im TED talk «Why our screens make us less happy» – https://youtu.be/0K5OO2ybueM).

- Autoplay: Filme laufen automatisch weiter bei YouTube, Folgen von Serien gehen automatisch weiter bei Netflix.
- Werbung und normaler Inhalt sind schwer voneinander zu unterscheiden.
- Man wird immer wieder gebeten, weitere private Informationen einzugeben (z. B. Handynummer, «Gib bitte dein Geburtsdatum an» (Instagram)).
- Über die App werden Push-Mitteilungen gesendet.
- Feedbackfunktionen einer App: Likes wie bei Facebook oder Likes und Dislikes wie bei YouTube (Je nach Feedbacksystem werden Nutzende motiviert wiederzukommen, um die Anzahl ihrer Likes zu überprüfen.)

Man kann bei der Präsentation der Ergebnisse folgende Frage stellen:

- Was bringt dem Anbieter dieses spezifische Design?
- Was wäre, wenn es anders gelöst wäre?

Beispiel YouTube und automatisches Weiterspielen: Eine nutzende Person würde ohne diese Funktion möglicherweise weniger lange YouTube-Filme schauen, weniger Werbung sehen oder auch weniger Kommentare, Likes und Dislikes kommunizieren.

Das Unternehmen würde weniger Geld in Form von Werbeeinnahmen verdienen und es würde weniger Daten sammeln können.

Medienphänomene kennenlernen und Online-Recherche thematisieren

Die Teilnehmenden finden sich in Zweiergruppen zusammen und bekommen einen Zettel, auf dem jeweils ein Medienphänomen geschrieben steht (s. Beispiele unten). Sie aktivieren ihr Vorwissen und recherchieren im Internet. Dabei geht es nicht nur um Informationen an sich, sondern auch um die Frage nach qualitativ hochwertigen Internetquellen.

Am Ende präsentieren die Zweierteams ihre Erkenntnisse zum jeweiligen Medienphänomen für die anderen. Auch ihr Vorgehen beim Recherchieren und ihre Einschätzungen der Quellen werden zum Thema gemacht.

Im Folgenden werden beispielhaft einige Medienphänomene aufgezählt und kurz erklärt:

ASMR – Autonomous Sensory Meridian Response
Für manche Nutzende entsteht ein angenehmes Gefühl auf der Haut, wenn sie Videos anschauen, deren Geräusche nah am Mikrofon produziert wurden.

Cyber-Bullying
Menschen werden via Social Media oder sonstige digitale Anwendungen beleidigt und fertiggemacht. Dies kann auch in Kombination mit Face-to-Face-Bullying passieren.

Cyber-Grooming
Über Social Media wird ein zunächst harmlos wirkender Kontakt aufgebaut, der durch Manipulationstechniken in sexuellem Missbrauch enden kann. Meist geht Cyber-Grooming von Erwachsenen aus, die Opfer sind Kinder.

Ghosting
Eine Person, die eine für sich vielversprechende Beziehung zu einem potenziellen Partner bzw. einer potenziellen Partnerin angebahnt hat, wird von heute auf morgen ignoriert – auf allen medialen und nicht-medialen Kommunikationskanälen. Dies kann sehr schmerzvoll für die betroffene Person sein.

Mukbang
Ein Internet-Videotrend aus Südkorea, bei dem Nutzerinnen und Nutzer einer anderen Person zuschauen, die grosse Mengen an Essen vertilgt.

Sexting (vgl. Felnhofer et al. 2020)
Menschen tauschen via Smartphone erotische Bilder voneinander aus. Das Problem kann darin bestehen, dass die Bilder auch an Menschen weitergeleitet werden können, für die die Fotos nicht gedacht waren. Auch Erpressung durch die Androhung von Weiterleitung kann ein Problem darstellen.

Sharenting
Eltern (parents) teilen (to share) Bilder und andere Inhalte, die ihre Kinder betreffen auf Social-Media-Plattformen. Neben positiven Aspekten (Identifikation mit der Elternrolle, Selbstausdruck, Stolz, soziale Verbundenheit mit anderen Eltern) werden auch mögliche Risiken diskutiert (potenzielles Material für Pädokriminalität, potenzielles Material, um sich über peinliche Kinderbilder lustig zu machen, Missachtung von Privatsphäre, Missachtung von Kinderrechten, fehlendes Einverständnis).

Vor der Recherche können die Teilnehmenden gebeten werden, sich Kriterien für qualitativ hochwertige Quellen bewusst zu machen.

Was sind Kriterien für qualitativ hochwertige Internetquellen (vgl. Landesinstitut für Lehrerbildung und Schulentwicklung Hamburg 2012)?

- Handelt es sich bei der Internetquelle um eine Privatperson oder eine Institution?
- Welche Institution, welches Medienhaus, welcher Verlag ist verantwortlich (z. B. NZZ, Blick, 20 Minuten, Süddeutsche Zeitung, Bild-Zeitung, SRF, ZDF, Bundeszentrale für politische Bildung)?
- Welchen Ruf hat die Institution?
- Gibt es ein Impressum?
- Gibt es eine Datenschutzerklärung?
- Ist der Beitrag mit einer Autorenschaft verbunden?
- Ist der Beitrag mit einer Jahreszahl versehen?
- Sind genannte Titel («Dr.» oder «Prof.») echt?
- Entsprechen genannte Titel dem betreffenden Fachgebiet?
- Welchen Status hat die Expertin, der Experte?
- Gibt es kommerzielle Interessen?
- Ist auf der Website Werbung aufgeschaltet?
- Gibt es ideologische Interessen?
- Gibt es religiöse Interessen?
- Werden Aussagen korrekt zitiert?
- Gibt es eine Vielfalt von Perspektiven oder geht es nur um eine spezifische Sichtweise?
- Wurden Bilder mit Quellen versehen?
- Sind Rechtschreibung und Kommasetzungen korrekt?
- Sind die Verlinkungen korrekt vorgenommen?
- Wirkt die Internetseite insgesamt seriös? (Folgende Aspekte können auf eher unseriöse Anbieter hindeuten: Animationen und andere Aufmerksamkeit generierende Aspekte, viele Felder zum Klicken, aufpoppende Fenster, alte Internetästhetik, fehlende sprachliche Korrektheit, spektakuläre oder reisserische Überschriften («Clickbaits»))
- Stellt die Website nur einen Behälter für Informationen zur Verfügung und übernimmt sonst keine nennenswerte Verantwortung (z. B. YouTube, Facebook) oder tragen die Seitenbetreibenden Verantwortung?

Das Handy als reflexives Schreibwerkzeug entdecken

Die Teilnehmenden bekommen ein Zitat von Paulo Coelho zu lesen (s. unten) und diskutieren in Zweiergruppen über ihre bisherigen Erfahrungen mit dem Schreiben und die Vorzüge des Schreibens (z. B. Tagebuch schreiben, Gedichte schreiben, Songtexte schreiben).

«Schreib! Sei es ein Brief oder ein Tagebuch oder Notizen, während du telefonierst – aber schreib! Schreiben nähert uns Gott und unserem Nächsten. Wenn du deine Rolle in der Welt besser verstehen willst, dann schreib. Versuche deine Seele ins Schreiben zu legen, auch wenn niemand es liest, oder, was schlimmer ist, jemand es liest, obwohl du es nicht wolltest. Der einfache Akt des Schreibens hilft uns, die Gedanken zu ordnen und klar zu sehen, was uns umgibt. Ein Stück Papier und ein Kugelschreiber können Wunder bewirken – Schmerzen heilen, Träume in Erfüllung gehen lassen, verlorene Hoffnung wiederbringen. Im Wort liegt Kraft.»
(Paulo Coelho)

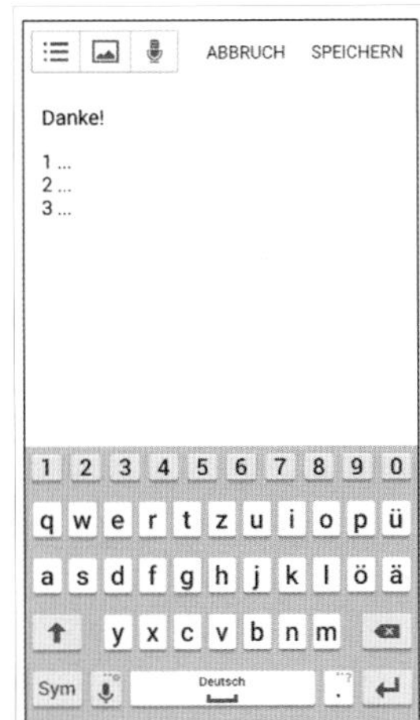

Abb. 129: Das Handy nutzen, um sich Positives bewusst zu machen (Screenshot)

Beispiele für reflexive Schreibprozesse:

- Sich durch Schreiben ambivalenter Gefühle bewusst werden
- Durch Schreiben Wertschätzung kultivieren (z. B. «Dankbarkeitstagebuch» / «Gratitude Journal») (vgl. Kekeritz & Graf 2015)
- Durch Schreiben schwierigen Erlebnissen eine Bedeutung geben
- Durch Schreiben belastende Erlebnisse in eine sprachlich ästhetische Form bringen
- Durch Schreiben Gefühle ausdrücken und verarbeiten
- Schöne Erlebnisse schreibend nochmals erleben und wertschätzen

In vielen alltäglichen Wartesituationen holen wir unser Handy hervor und besuchen verschiedene Informationsapps und Social-Media-Apps. Häufig werden diese Aktivitäten als Zeitfüller empfunden, der nicht unbedingt tiefe Zufriedenheit hervorruft. Die Teilnehmenden werden angeregt, auszuprobieren, wie es ist, in solchen Situationen ihr Handy zum Schreiben zu nutzen.

Folgende Aktivitäten können vorgeschlagen werden (alle drei oder eine Auswahl):

- Für welche drei Dinge, die du heute erlebt hast, kannst du dankbar sein? (Antwort in Stichworten oder ausführlich formuliert)
- Was sind aktuell fünf gute Dinge in deinem Leben? (Antwort in Stichworten oder ausführlich formuliert)
- Du kannst ein schönes Erlebnis nochmals erleben, ganz nach dem Motto von Anaïs Nin (Schriftstellerin): «We write to taste life twice, in the moment and in retrospect.» Dies kann ein kleines assoziatives Gedicht sein oder eine kleine Kurzgeschichte.

Eine Woche / zwei Tage ohne mein Handy

Die Teilnehmenden erleben, wie es ist, eine Zeitlang ohne Handy zu sein. Dies kann eine sehr interessante Erfahrung für die Reflexion von Chancen und Risiken bedeuten, und es können Inspirationen für den weitere Umgang mit dem Handy entstehen. Die ältere Generation kann das Leben mit und ohne Mobiltelefone vergleichen, die jüngere Generation weiß nicht, wie es ist, ohne Handys zu leben.
Das Mobiltelefon wird in einen Umschlag mit dem Namen der Besitzerin bzw. des Besitzers gesteckt. Der Umschlag wird verschlossen und an einem sicheren Ort aufbewahrt.

Die Person, die eine Zeit ohne Handy erlebt, dokumentiert die Erfahrung in einem Tagebuch. Es könnte auch ein Videotagebuch sein (nicht mit Handykamera gefilmt).

Folgende Fragen können am Ende gestellt werden:
- Was waren positive Erfahrungen?
- Was waren negative Erfahrungen?
- Was nehme ich mit für meinen zukünftigen Umgang mit dem Handy?
- Würde ich dieses Experiment anderen weiterempfehlen?

Am Ende des Projekts – nachdem das Mobiltelefon zurückgegeben wurde – wird die Erfahrung in einer Präsentation mit der Gruppe geteilt.
Eine Studentin, die die Erfahrung gemacht hat, schreibt: «Schultechnisch habe ich nur profitiert in dieser Woche. Ich war beim Lesen zu Hause viel konzentrierter, effizienter und genoss besseren und längeren Schlaf. In den Lehrveranstaltungen war ich mental viel präsenter. Diese hohe Konzentration erhoffe ich mir auch zukünftig bei meinen Schülerinnen und Schülern» (Rigoni 2017).

Zum Thema Verabredungen schreibt sie:

> «Es war ein komisches Gefühl, mich einfach darauf verlassen zu müssen, dass sie um die abgemachte Zeit erscheinen. (…) Eigentlich eine traurige Erscheinung, da Abmachungen, Verlässlichkeit sowie Pünktlichkeit an Wert verloren haben, seit wir die Möglichkeit haben, andere sofort telefonisch über die eigene Verspätung zu informieren»
> (Ebenda).

Hinweise: Gegebenenfalls sollte deutlich gemacht werden, dass die Erfahrung nicht besonders sinnvoll ist, wenn die gesamte Mobiltelefonaktivität auf den Computer übertragen wird (z. B. WhatsApp auf dem Computer anstelle des Mobiltelefons).

Bei Bedarf kann ein Vertrag formuliert und unterschrieben werden.

In schulischen Kontexten kann – falls notwendig und adäquat – etwas zur Motivation angeboten werden, z. B. das Experiment anstelle anderer Hausaufgaben durchführen oder eine bessere Note erhalten.

Andere Personen im Umfeld sollten von dem Experiment erfahren. Sie sollten informiert werden, dass einige Zeit nicht per Handy kommuniziert werden kann.

Eine Variante könnte darin bestehen, eine Woche (oder mehrere Tage) ohne eine bestimmte App (z. B. TikTok, Instagram, Facebook) zu sein (vgl. Süss 2012, S. 225).

Die Spiegel-Übung (Verzijl 2015)

Diese Übung kann in der Gruppe angeleitet werden, die Umsetzung findet individuell statt.

Eine Person stellt sich vor den Spiegel (je nach Bedürfnis so, dass nur das Gesicht, der Oberkörper oder der ganze Körper sichtbar ist, je nach Bedürfnis mit oder ohne Kleider) und schreibt eine Liste von 10 bis 15 Dingen auf, die in Bezug auf den eigenen Körper gefallen. Es kann das Aussehen fokussiert werden, aber auch die Funktionalität (z. B.: Ich mag die Form meiner muskulösen Beine und ich mag es, dass sie mir Wandern und Laufen ermöglichen). Es wird empfohlen, die Übung regelmässig zu wiederholen. Sie ist Teil eines Programms, das jungen Menschen mehr Zufriedenheit mit dem eigenen Körper ermöglichen soll (http://www.bodyprojectsupport.org/).

Komplimente geben und empfangen: «Our circle of good things» (Weidinger 2014b, S. 18)

Die Teilnehmenden sitzen oder stehen im Kreis zusammen. Eine Person, die ausgewählt wird, begibt sich in die Mitte. Nacheinander machen die Personen im Kreis Komplimente (z. B. bezogen auf die Persönlichkeit, auf Kompetenzen oder auf die äussere Erscheinung). Die Person in der Mitte nimmt die Komplimente an und bedankt sich. Nachdem alle ihr Kompliment formuliert haben, kommt es zu einem Wechsel und eine andere Person steht in der Mitte.

Am Ende diskutieren die Teilnehmenden über die Erfahrung:

- Was hat die Erfahrung ausgelöst? Was war schön? Was war schwierig?
- Wie fühlt es sich an, Komplimente anzunehmen?
- Wie fühlt es sich an, Komplimente zu geben?
- Was ist der Unterschied zwischen virtuellen Komplimenten (z. B. Likes) und Face-to-face-Komplimenten?
- Fällt es leicht, Komplimente anzunehmen?
- Welche Erfahrungen macht ihr mit Komplimenten allgemein?

- Wer kennt Menschen im persönlichen Umfeld, die Komplimente relativieren, kleinreden oder sofort zurückgeben?
- Auf welcher Ebene werden Komplimente besonders geschätzt (Persönlichkeit, Kompetenzen, äussere Erscheinung)?

Hinweis: Je besser sich die Teilnehmenden kennen, desto eher können Komplimente auf den Ebenen Persönlichkeit und Kompetenzen gemacht werden.

Vertical Videos – Kurzfilme als Diskussions- und Reflexionsgegenstand

Kurzfilme im Hochformat auf Instagram, TikTok oder anderen Apps sind sehr beliebt bei jungen Menschen. Teilweise werden sie kontrovers diskutiert (z. B. problematische Selbstsexualisierung, problematische Körperideale, Cyber-Grooming, Cyber-Bullying). Filme mit körperbezogenen Selbstdarstellungen, an deren Beispiel das Spannungsfeld von Selbstsexualisierung und sexueller Selbstermächtigung diskutiert werden kann, ermöglichen es jungen Menschen, ihre eigene Position zu finden bzw. vorhandene Haltungen zu reflektieren. Im Gespräch über die Selbstdarstellung anderer kann die eigene Selbstdarstellungspraxis reflektiert werden. Es kann auch eine Sensibilisierung für riskante filmische Praktiken stattfinden (problematisches Material im Kontext von zukünftigen Bewerbungen, problematisches Material in Bezug auf Pädokriminaliät).

Wichtig ist immer auch Chancen und Risiken zu diskutieren, nicht nur die Risiken allein.

Ein Diskussionsbeispiel kann im Vorfeld von der Leitung ausgewählt werden oder die Teilnehmenden bekommen Zeit zum Recherchieren und einigen sich auf ein Kurzvideo, das sie gemeinsam diskutieren wollen.

Weitere (medien-)pädagogisch relevante Fragestellungen (je nach Kontext für pädagogische Fachpersonen und deren Zielgruppen):

1. Wie kann man sich noch auf umfangreiche und komplexe Inhalte einlassen (z. B. Zeitungsartikel, Hausaufgaben, Bücher, Nachrichten, Vorträge), wenn man sich und sein Gehirn daran gewöhnt hat, extrem kurze unterhaltsame Filme zu schauen und im Falle von Nicht-Gefallen weiterzuwischen?
2. Wie ist es zu bewerten, wenn andere gesellschaftliche Bereiche den Charakter von TikTok-/Instagram-Kurzfilmen annehmen (z. B. kurze unterhaltsame Nachrichtenhäppchen, kurze unterhaltsame Bildungshäppchen, kurze unterhaltsame Smalltalk-Kommunikation, kurze unterhaltsame Beziehungen)?
3. Wie kann man – ausser via Likes und Weiterwischen – direkt und aktiv über die Filminhalte bestimmen, wenn ein Algorithmus bestimmt, was in den Fluss von Angeboten kommt?

4. Wie kann mit Frustrationsgefühlen bei sozialen Vergleichen in Bezug auf Schönheitsnormen umgegangen werden?
5. Eine Zeitschrift ist irgendwann zu Ende. Kurzfilme werden einem als endloser Stream serviert. Wie kann man lernen aufzuhören, wenn es ein endloser Fluss ist?
6. Wer sollte die Deutungsmacht haben bei der Frage, ob eine bestimmte Art von Selbstinszenierung eine problematische Form von Selbstsexualisierung darstellt oder eine legitime Art der sexuellen Selbstermächtigung?
7. Wie ist damit umzugehen, dass es sich bei TikTok um ein Unternehmen aus China handelt (Umgang mit demokratischen Werten, Umgang mit Daten)?
8. Wie geht man damit um, wenn man zu wenig Likes bekommt für die eigenen Filmbeiträge?
9. Was passiert mit der eigenen Lebensqualität, wenn jedes Erlebnis in Hinblick auf seine Tauglichkeit für Social-Media-Posts analysiert wird bzw. wenn das Leben insgesamt grösstenteils in Bezug auf Verwertbarkeit für Posts gelebt wird?
10. Wie kann das Bildungspotenzial von Kurzfilmen für vielfältige Kontexte genutzt werden (z. B. Filmbildung, Medienkompetenzentwicklung, Medienkritik, Entwicklung von Life Skills, Abbau von Perfektionsdruck in der Selbstinszenierung, Öffnung für vielfältige Formen der Identitätsarbeit, Öffnung für vielfältige Konzepte von Schönheit, Selbstakzeptanz und Selbstanerkennung)?
11. Sind manche Posts im Kontext von «Body positivity», die für eine Vielfalt von Körperbildern werben, im Grunde doch nur eine Verstärkung von Schönheitsidealen?
12. Wie können die unterschiedlichen Emotionen, die beim Anschauen und Publizieren von Kurzfilmen entstehen, zum Thema gemacht werden (z. B. beim Anschauen: Unterhaltung, Motivation zum Nachmachen, Inspiration, Langeweile, Frustration (vgl. Phänomen «Zapping» beim Fernsehen), sich schlecht fühlen in Anbetracht von schönen und talentierten Menschen; beim Publizieren: Perfektionsdruck, Konformitätsdruck, Angst vor negativem Feedback, Hass-Nachrichten etc.)?

Mediale Mythen über Beziehungen und Sexualität hinterfragen

«Liebe, wie sie die Menschen von heute interpretieren, ist in seinen Augen vor allem eine Ausgeburt von Hollywood und Schlagerstars. Sie boomt zudem nur, weil der Glaube an Gott verlorengehe, die Menschen aber an etwas glauben müssten.»
(Hausschild 2015, S. 81)

«Wir machen die ersten Liebeserfahrungen in unserem Elternhaus. Dort leben uns die Eltern vor, wie Liebe funktioniert – und natürlich prägt auch das gesamte Umfeld: Kindergarten, Schule, Medien. (...) Es gibt Haltungen, die für eine lebendige Beziehung förderlich oder hinderlich sind. (...) Wenn du verstehen willst, wie du glücklich lieben kannst, dann wird es dir helfen, wenn du dir deine eigenen Annahmen über die Liebe bewusst machst und die eine oder andere Korrektur in deinem Liebes-Mindset vornimmst.»
(Simon 2021, S. 20)

«There are some people who would never have fallen in love, if they had not heard there was such a thing.»
(La Rochefoucauld)

Es existieren viele Vorstellungen über Beziehungen und Sexualität, die problematisch sein können und deshalb einer kritischen Auseinandersetzung bedürfen (vgl. Alain de Boton 2016). Häufig stammen diese aus medialen Darstellungen (aus Spielfilmen, Serien, Märchen, Liebesromanen). Teilweise erzeugen diese Vorstellungen Unzufriedenheit oder sogar Frustration und Unglück, weil Menschen das Gefühl bekommen, nicht normal zu sein oder die übernommenen Normen nicht zu erfüllen. Gemäss der Soziologin Eva Illouz (2016) lebt ein ganzer Wirtschaftsbereich von diesem Leid (Ratgeberliteratur, Selbsthilfebücher, Kurse, Beratungs- und Therapieangebote, Zeitschriften).

Die Teilnehmenden diskutieren die folgenden Aussagen und äussern ihre eigenen Meinungen und Erfahrungen.

Am Ende sind Anmerkungen bzw. mögliche Positionen zu den Fragen formuliert.

Beziehung/Liebe

1. Es darf nie Streit geben in der Beziehung.
2. Beide müssen immer genau das Gleiche wollen.
3. «Sie lebten glücklich zusammen bis ans Ende ihrer Tage.»
4. Mein Partner bzw. meine Partnerin muss mich glücklich machen.
5. Es gibt genau einen Partner bzw. eine Partnerin auf der Welt, der zu mir passt bzw. es ist mir jemand vorherbestimmt.
6. Die Liebe muss genau so intensiv bleiben wie am Anfang – sonst stimmt etwas nicht.
7. Man darf keine Geheimnisse voreinander haben.
8. Man sollte so viel wie möglich Zeit miteinander verbringen.
9. Man muss sich immer gegenseitig verstehen.

Abb. 130: Spruch auf einem Bauzaun (Peter Holzwarth)

10. Es gibt nur eine richtige Form der Liebesbeziehung.
11. Aus Liebe macht man alles für den Partner bzw. die Partnerin. («Wenn du mich wirklich richtig lieben würdest, würdest du xy für mich machen.»)
12. Man muss unbedingt in einer Partnerschaft leben. / Nur wer in einer Partnerschaft lebt, ist richtig glücklich.

Sexualität

13. Beide sollten immer zur gleichen Zeit Lust auf Sex haben.
14. Beide sollten den Orgasmus zur gleichen Zeit haben.
15. Beide sollten einen Orgasmus haben.
16. Sexualität bedarf keiner Worte.
17. Sex muss automatisch gut laufen.
18. Sex muss immer Spass machen.
19. Sex muss von Anfang an gut sein.
20. Wenn das sexuelle Verlangen nachlässt, stimmt etwas nicht.
21. Sex muss sich immer spontan von selbst ergeben.
22. Penetration allein reicht aus für den Orgasmus von Mann und Frau.
23. Sex bedeutet Penetration bzw. Eindringen.

Anmerkungen zu den Aussagen zu den Themen Beziehung/Liebe und Sexualität:

1. Streit und Unstimmigkeiten gehören bei fast jeder Beziehung dazu, und es ist wichtig, einen produktiven und konstruktiven Umgang mit Meinungsverschiedenheiten und Interessenskonflikten zu finden. Ein produktiver Umgang mit Konflikten kann gelernt werden. Für viele Menschen stellt dieser einen lebenslangen Lern- und Entwicklungsprozess dar.

2. Es ist selten so, dass zwei Menschen immer das Gleiche wollen. Es kann für eine Beziehung auch inspirierend sein, wenn unterschiedliche Interessen vorhanden sind. Es kommt drauf an, eine Kultur der Aushandlung zu entwickeln. Eine Kombination aus gemeinsamen Aktivitäten und Einzelaktivitäten ist möglich und sinnvoll.

3. «Sie lebten glücklich zusammen bis ans Ende ihrer Tage.» Viele Märchen oder Geschichten, bei denen es darum geht, dass zwei sich finden, enden mit diesen Worten. Aber: Das Liebesglück muss immer wieder neu aktiv hergestellt werden. Es ist kein Dauerzustand, auf den man setzen kann. Eine Beziehung besteht nicht immer nur aus Glück und Zufriedenheit. Langeweile, Frustration, Enttäuschung, Wut und Ärger gehören auch dazu. Häufig braucht es den Wechsel und den Kontrast von positiven und negativen Gefühlen, damit Glück und Zufriedenheit erlebbar werden.

4. Oft fühlen sich Menschen zufrieden in einer Partnerschaft. Aber es entsteht potenziell auch Reibung. Man sollte auf jeden Fall den Partner nicht für das eigene Glück verantwortlich machen – und auch nicht für Unglück. Im Internet findet man folgenden Spruch: «Be with someone who makes you happy!», wobei das «with» durchgestrichen ist: «Be ~~with~~ someone who makes you happy!» Damit wird darauf verwiesen, dass man auch in einer Beziehung primär selbst für sein Glück verantwortlich ist. Damit entlastet man auch den Partner und macht sich weniger abhängig. Durch das Kennenlernen der eigenen Gefühle und Bedürfnisse und durch Kommunikation kann die Wahrscheinlichkeit erhöht werden, dass der andere die Bedürfnisse kennt und sie erfüllen kann. Eine weitere Lebensweisheit lautet: «Suche keinen Partner, der dich glücklich macht, sondern einen, mit dem du glücklich sein kannst.»

5. Die Vorstellung, dass es genau einen Menschen auf der Welt gibt, den man finden muss, kann Druck aufbauen. Wenn eine Beziehung zu Ende geht, entsteht häufig eine neue.

6. Expertinnen und Experten gehen davon aus, dass die Qualität einer Beziehung sich mit der Zeit verändert. Das Herzklopfen vom Anfang, die Erfahrung des Neuen

und die grosse Leidenschaft gehen im Idealfall über in ein Gefühl der Vertrautheit und der Freundschaft und der gemeinsam gelebten Geschichte. Es ist gut, wenn man dafür offen ist, dass die Qualität der Beziehung sich über die Zeit verändern kann.

7. Man kann unterschiedlicher Meinung sein zum Thema Geheimnisse, aber den meisten Partnerschaften tut es gut, wenn die Partner auch eine eigene Privatsphäre haben.

8. Nähe und Distanz müssen in einer Beziehung immer wieder neu ausgehandelt werden. Die Bedürfnisse nach gemeinsam verbrachter Zeit sind unterschiedlich je nach Lebenssituation und Beziehungsphase. Jeder Mensch hat sowohl das Bedürfnis nach Bindung und Sicherheit als auch nach Freiheit und Autonomie.

9. Man sollte nicht davon ausgehen, dass man sich als Paar immer automatisch gegenseitig versteht. Oft muss die Partnerin bzw. der Partner über die eigenen Emotionen, über die eigenen Gedanken und Erlebnisse informiert werden. Kein Mensch kann Gefühle und Gedanken lesen. Manchmal dauert es auch etwas, bis man sich selbst versteht, um sich dann dem anderen verständlich machen zu können.

10. Eine Frau und ein Mann leben monogam zusammen am gleichen Wohnort, bis dass der Tod sie scheidet. Diese Beziehungsform ist in unserer pluralisierten Gesellschaft nur eine von vielen. Andere Formen sind möglich: homosexuelle Beziehungen, LGBTQIA+-Beziehungen, Distanzbeziehungen, Living-apart-together, polyamore Beziehungen, serielle Monogamie, Promiskuität, erotische Freundschaften, Freundschaft Plus, On-off-Beziehungen.

11. Liebe muss nicht heissen, dass man alles für den anderen tun muss. Das Argument «Liebe» kann auch missbraucht werden, um den Partner zu etwas zu überreden oder ihn zu manipulieren.

12. In unserer Gesellschaft stehen viele Menschen unter dem hohen Druck, eine glückliche Paarbeziehung finden und leben zu müssen. Auch mediale Vorbilder spielen dabei eine Rolle. Das Leben ohne Beziehung wird als defizitär wahrgenommen oder als temporäre Phase, die es zu überwinden gilt. Man könnte sich fragen, ob nicht auch das Leben allein ohne eine Partnerbeziehung eine gute und erfüllende Existenz darstellen kann (vgl. Schreiber 2021). Möglicherweise hat die Norm, in einer Beziehung leben zu sollen, auch mit wirtschaftlichen Interessen zu tun (Schönheitsindustrie, Dating-Apps, Flirtkurse etc.).

13. Sexualität ist ein sehr individuelles Thema. Sexuelle Lust hängt von sehr vielen verschiedenen biografischen, situativen und kulturellen Faktoren ab. Es ist normal, dass die Lust auf Sex nicht immer übereinstimmt. Für manche Menschen wird Nähe durch Sexualität hergestellt, für andere braucht es Nähe als Voraussetzung für Sexualität.

14. Gleichzeitig einen Orgasmus zu erleben, kann schön sein, aber man sollte sich nicht zu sehr darauf fixieren. Es könnte eine Ablenkung bedeuten. Manchen Frauen fällt es schwer, beim penetrativen Geschlechtsverkehr einen Orgasmus zu haben. Manche Männer haben das Problem, den Orgasmus früher als gewünscht zu erleben. Viele Menschen stehen unter einem hohen Druck, einen Orgasmus (zum gewünschten Zeitpunkt) zu haben. Der gleichzeitige Orgasmus als Norm könnte den Druck noch weiter erhöhen. Viele Frauen benötigen zusätzlich zur vaginalen Stimulation die äussere Stimulation der Klitoris.

15. Für manche Menschen steht der Orgasmus nicht im Vordergrund. Den Fokus vom Orgasmus als Ziel wegzunehmen, kann Druck reduzieren.

16. Es kann sehr hilfreich und bereichernd sein, über Sexualität zu sprechen, um Bedürfnisse wechselseitig kennenzulernen und um sich wechselseitig Feedback und Anerkennung zu geben. Viele Paare müssen erst lernen, über sexuelle Themen zu sprechen. Auch verbale Kommunikation während der sexuellen Interaktion kann ein Thema für Paare sein.

17. Gemeinsame Sexualität ist ein Lernprozess. Es ist wichtig, sich Zeit zu nehmen, um sich selbst und den anderen kennenzulernen.

18. Es ist absolut legitim, wenn eine sexuelle Begegnung mit dem Partner nicht so schön und erfüllend ist, wie man es sich wünscht oder wie man es sich gewohnt ist.

19. Bei manchen Paaren wird die Sexualität mit dem Kennenlernen und mit dem wechselseitigen Vertrautwerden immer besser.

20. Der «Coolidge-Effekt» besagt, dass das sexuelle Verlangen nachlässt, wenn sich Sexualität immer auf denselben Partner bezieht – dies gilt sowohl für Tiere als auch für Menschen. Es ist also normal, dass die sexuelle Leidenschaft nicht auf dem Niveau des Anfangs bleibt. Zusammenziehen und Nachwuchs bekommen, können dabei auch eine Rolle spielen (Perel 2021). Simon (2021, S. 208) erwähnt die so genannte «New Relationship Energy» (NRE) als ein Spezifikum von Beziehungen im

Anfangsstadium. Länger andauernde Beziehungen können diese Dimension nicht bieten, sie weisen jedoch andere Qualitäten auf.

21. Vor allem bei langjährigen Beziehungen sollte man nicht nur auf Spontaneität setzen, sondern auch Planung und Verabredung kultivieren. Esther Perel spricht auch vom «Mythos der Spontaneität» (2021, S. 290; https://youtu.be/sa0RUmGTCYY).

22. Viele Frauen benötigen zusätzlich äussere klitorale Stimulation, um einen Orgasmus haben zu können. Pornofilme können in diesem Kontext ein falsches Bild erzeugen (vgl. Holzwarth & Roth 2021).

23. Penetration gilt für viele als «normaler» bzw. «richtiger» Sex. Eindringen kann aber auch als einer von vielen verschiedenen Wegen angesehen werden. Sex ohne Penetration kann neue Möglichkeiten eröffnen.

Pornografie als «Aufklärungsunterricht»? – «Aufklärung» zu Pornografie (vgl. Holzwarth & Roth 2021)

> «Porno als Aufklärungsunterricht?
> Dass Jugendliche Pornos gucken, ist kein Geheimnis. Und weil Sex immer noch ein so grosses Tabuthema ist, über das man kaum redet, gibt es viele unerfahrene Junge, die das Gefühl haben, dass Sex im echten Leben wie Sex in einem Porno ist.»
> (Trang Do 2019)

> «In der Regel werden in diesen Filmen Schauspieler eingesetzt, die bestimmte Rollen spielen. So läuft der Sex, der dargestellt wird, meist perfekt ab – ganz anders als im echten Leben. Das kann dazu führen, dass falsche Vorstellungen in Bezug auf ‹realen› Sex erzeugt werden.»
> (Felnhofer et al. 2020, S. 222)

> «Die Fachliteratur spricht von Pornografie bzw. synonym von sexuell explizitem Material (sexually explicit material SEM) bzw. sexuell explizitem Internet-Material (sexually explicit internet material SEIM), um gemäß einer inhaltlich-funktionalen Definition solche Mediendarstellungen zu adressieren, die nackte Körper und sexuelle Aktivitäten sehr direkt zeigen (inhaltliches Kriterium) und hauptsächlich zum Zweck der sexuellen Stimulation produziert und rezipiert werden (funktionales Kriterium).»
> (Döring 2013, S. 22)

Die Meinungen zu Pornografie sind sehr unterschiedlich. Manche halten sie für gefährlich oder unmoralisch, andere sehen in ihr einen Ausdruck von Befreiung oder Inspiration. Durch Internet und Smartphones wurde Pornografie extrem leicht zugänglich – teilweise ohne Kosten und anonym nutzbar. Pornofilme werden für die sexuelle Erregung von Erwachsenen produziert, jedoch auch junge Menschen – auch Kinder – kommen manchmal gewollt oder ungewollt mit Pornografie in Kontakt, z. B. wenn sie etwas im Internet recherchieren oder etwas zugeschickt bekommen. Das Aneignen von Wissen und Kompetenzen zum Umgang mit Pornografie kann helfen, Irritationen und negativen Gefühlen vorzubeugen (vgl. Döring 2011; Eidenbenz 2021). Eine kritische Auseinandersetzung mit Wirklichkeitsbezügen, filmischen Tricks, Geschlechterrollenbildern, sozialen Vergleichen, Suchtrisiken, aber auch mit Chancen, ist extrem wichtig. Pornofilm ist nicht gleich Pornofilm. Es gibt sehr viele unterschiedliche Arten (z. B. mit professionellen Darstellerinnen und Darstellern oder mit Laien).

Die folgenden Aussagen beziehen sich auf kommerzielle Mainstream-Filme und dienen als Kontextinformation:

- Pornofilme sollten nicht als Erklärvideos für Sexualität angesehen werden. Es handelt sich um eine Mischung aus realen und fiktionalen Elementen (reale sexuelle Interaktionen und fiktionale Fantasien und Szenarien).
- Die dargestellte Sexualität in den Filmen hat oft mit der Sexualität im wahren Leben wenig zu tun – in Pornofilmen wird nicht alltägliche Sexualität dargestellt. «Wenn pornografische Sexualskripte nicht als fiktionale, sondern als dokumentarische Inhalte interpretiert werden, resultieren hochgradig verzerrte Vorstellungen über die sexuelle Realität (z. B. mühelose Kontaktanbahnung, extrem expressive Lustäußerungen etc.)» (Döring 2013, S. 28).
- Sexualität in Pornofilmen ist meist stark inszeniert, so wie Schauspielerinnen und Schauspieler in Spielfilmen einem Skript folgen.
- Es ist davon auszugehen, dass der weibliche Orgasmus in Pornofilmen meist nur gespielt ist.
- Viele Frauen benötigen für den Orgasmus zusätzlich zur vaginalen Penetration äussere klitorale Stimulation. Kommerzielle Mainstream-Filme erwecken den Eindruck, dass Penetration allein ausreicht.
- Die sexuelle Lust ist in vielen Fällen gespielt, so wie Schauspielerinnen und Schauspieler in Filmen Trauer oder Freude spielen – gemäss ihrer Rolle.
- In den meisten Fällen sind Pornofilme an männlichen Fantasien orientiert. Die Rollenaufteilung in vielen kommerziellen Pornofilmen ist sehr problematisch (z. B. Frauen in unterwürfiger oder dienender Haltung). «Kritische Stimmen werfen der Pornografie vor allem vor, ein ‹falsches›, nämlich unrealistisches, beziehungs- und

gefühlloses, leistungsorientiertes, sexistisches, rassistisches, machtasymmetrisches oder gar gewaltförmiges Bild von Sexualität zu präsentieren» (Döring 2013, S. 23).

- Viele weibliche Darstellerinnen haben ihren Körper operativ verändern lassen (z. B. Brustvergrösserungen oder Vulvalippenverkleinerungen). Auch männliche Darsteller sind manchmal operiert.
- Körpervergleiche mit Darstellerinnen und Darstellern können problematisch sein.
- Leistungsvergleiche mit Darstellenden können problematisch sein und Druck ausüben.
- Durch den Schnitt von Filmmaterial kann der Anschein erweckt werden, dass Darsteller über sehr lange Zeit Erektionen aufrechterhalten können.
- Analverkehr bedarf meist einer Vorbereitung (Dehnung und Einsatz von Gleitmittel). Die Vorbereitung wird aus Pornofilmen normalerweise herausgeschnitten oder sie wird erst gar nicht gefilmt.
- Männliche Darsteller benutzen teilweise Hilfsmittel, um die Erektion lang aufrechterhalten zu können (z. B. Medikamente oder Spritzen (vgl. Ludwig 2005, S. 10)).
- Teilweise ist die männliche Ejakulation nicht echt (künstliches Sperma), auch die Menge entspricht oft nicht der Normalität.
- Teilweise werden spektakuläre und ungewöhnliche Dinge gezeigt, die nicht zur Nachahmung geeignet sind. Es kann sich auch um sehr riskante Aspekte handeln. Der direkte Wechsel von Anal- auf Vaginalverkehr bzw. Anal- auf Oralverkehr kann zum Beispiel ein gesundheitliches Risiko darstellen.
- Teilweise stehen Darstellerinnen und Darsteller unter Druck, bestimmte sexuelle Handlungen durchzuführen und so zu tun, als würden sie es mögen.
- In Pornofilmen werden meist keine Kondome verwendet. Dies kann zu gefährlichen Krankheiten führen (z. B. HIV/AIDS, Hepatitis A, B, C, Gonorrhoe/Tripper, Feigenwarzen/Humaner Papilloma-Virus (HPV), Chlamydien, Syphilis, Herpes genitalis, Krätze, Filzläuse, Trichomonaden Pilzinfektionen und andere), die man wiederum an andere weitergeben kann. Auch ungewollte Schwangerschaft kann ein Thema sein.
- In Pornofilmen wird nie darüber gesprochen, wer was mag oder nicht mag (Konsens, Grenzen). Dies spielt im echten Leben eine bedeutende Rolle.
- Wenn verschiedene Risikofaktoren zusammenkommen, kann das wiederholte Betrachten von Pornofilmen bei manchen Menschen ein Suchtverhalten auslösen (vgl. Eidenbenz 2021).
- Bei jungen Zuschauern können Pornofilme erhebliche Irritationen auslösen.
- Es kann unter Umständen zu Problemen kommen, wenn man das Gesehene im realen Leben umsetzen will.
- Es kann problematisch sein, wenn Jungen und Mädchen denken, beim Sex etwas wie im Pornofilm leisten zu müssen.

Es ist wichtig zu betonen, dass Jugendliche je nach Film, persönlicher Entwicklung und Kontext auch positive, lustvolle und informative Erfahrungen machen können. Auch pädagogische Sensibilisierung kann hier eine positive Rolle spielen.

Die Künstlerin Hazel Mead hat zum Thema «Things you don't see in mainstream porn» ein Poster produziert, das den Unterschied von «Alltagssexualität» und «Mainstreampornografie» humoristisch aufgreift («Things you don't see in mainstream porn» kann in einer Internetsuchmaschine eingegeben werden oder https://www.hazelmead.com/). Visualisiert sind Aspekte wie Schüchternheit, Kommunikation, Wadenkrämpfe, Köpfe, die zusammenstossen, Haare, die ins Gesicht fallen, Streit, Lustlosigkeit, Probleme beim Kondomanlegen, Weinen, ein Haar im Mund finden, Diskussionen um Einvernehmlichkeit, Meinungsänderung, Kuscheln oder Liebe.

> «Das passiert nie in einem Porno:
> - Gelächter
> - echte Orgasmen
> - Liebe
> - Sex während der Periode
> - unbeholfenes Gehopse während man versucht die Hose auszuziehen
> - Streitereien, die mit einem ‹Ich habe keinen Bock› enden
> - Abdrücke von der Unterwäsche
> - Trinkpausen
> - Erektionsprobleme
> - Vaginismus
> - Verwendung von Gleitgel
> - Stürze vom Bett
> - Gespräche
> - Schambehaarung
> - Schüchternheit
> - genügend Zeit, um ihr das nötige Vergnügen zu verschaffen
> - Mühe, das Kondom drauf zu geben
> - nach dem Sex aufs Klo gehen
> - Schwitzen
> - mit dem Kopf zusammenstoßen»
>
> (https://www.woman.at/a/mainstream-pornos-vs-echter-sex)

Die Teilnehmenden arbeiten in Zweiergruppen oder Kleingruppen mit dem Bild von Mead und diskutieren ihre Erfahrungen bezüglich der Unterschiede von «Alltagssexualität» und «Mainstreampornografie».

Sie sammeln Ideen für einen Flyer, der jüngere bzw. unerfahrene Personen auf Pornografie vorbereitet.
Verschiedene Medienschaffende, Aktivistinnen und Aktivisten arbeiten daran, alternative Formen von Pornografie anzubieten, die ethischer, diverser, authentischer oder weiblicher sind (Trang Do 2019).

Je nach Zielgruppe könnte auch diskutiert werden, was Ethik im Zusammenhang mit Pornografie bedeuten könnte (z. B. faire Arbeitsbedingungen, faire Bezahlung, Volljährigkeit aller Beteiligten, Einwilligung in Bezug auf Praktiken, Einwilligung in Bezug auf Veröffentlichung, «safer sex»).

Hinweis: Diese Projektidee wurde vorab in der Zeitschrift merz | medien + erziehung veröffentlicht (Holzwarth & Roth 2021).

Literatur

Antonovsky, Aaron (1997): Salutogenese. Zur Entmystifizierung der Gesundheit. Deutsche Herausgabe von Alexa Franke. Tübingen: dgvt-Verlag.

Auernheimer, Georg (2013): Interkulturelle Kompetenz und pädagogische Professionalität. Wiesbaden: VS Verlag für Sozialwissenschaften.

Baacke, Dieter (1999): Medienkompetenz als zentrales Operationsfeld von Projekten. In: Baacke,Dieter / Kornblum, Susanne / Laufer, Jürgen / Mikos, Lothar / Thiele, Günter A. (Hg.): Handbuch Medienkompetenz Bonn, S. 31-35.

Bandura, Albert (1997): Self-Efficacy: The Exercise of Control. New York: Freeman.

Barnow, Sven (2016): Psychologie der Fotografie: Kopf oder Bauch? Heidelberg: dpunkt. verlag

Beck, Ulrich (1986): Risikogesellschaft. Auf dem Weg in eine andere Moderne. Frankfurt am Main: Suhrkamp.

Berger, John (1996): Sehen: Das Bild der Welt in der Bilderwelt. Hamburg: Rowohlt.

Bildungsdirektion des Kantons Zürich (Hg.) (2017): Lehrplan 21. Grundlagen. https://zh.lehrplan.ch/container/ZH_Grundlagen.pdf

Blank, Renate (2000): Qualitative Studie ‚Jugend 2000 – Fremde hier wie dort'. In: Deutsche Shell (Hg.): Jugend 2000. 13. Shell Jugendstudie. Band 2. Opladen: Leske+Budrich, S. 7-38.

de Block, Liesbeth/Buckingham, David (2007): Global Children, Global Media. Migration, Media and Childhood. New York: Palgrace Macmillan.

Bodenmann, Guy (2016): Bevor der Stress uns scheidet. Resilienz in der Partnerschaft. Bern: Hogrefe. 2. unveränderte Auflage.

Bonfadelli, Heinz & Friemel, Thomas N. (2017): Medienwirkungsforschung. Konstanz und München: UVK Verlagsgesellschaft, 6., überarbeitete Auflage.

Borer, Corinna / Holzwarth, Peter / Weidinger, Wiltrud (2020): A teacher's guide in Personal Development for grade 6. Zurich University of Teacher Education. International Projects in Education (IPE). https://ipe-textbooks.phzh.ch/globalassets/ipe-textbooks.phzh.ch/english/personal-development-english/personal_development_grade_6_en_v2_web.pdf

Borer, Corinna / Holzwarth, Peter / Keller, Martin / Weidinger, Wiltrud (2020): A teacher's guide in Personal Development for grade 8. Zurich University of Teacher Education. International Projects in Education (IPE). https://ipe-textbooks.phzh.ch/globalassets/ipe-textbooks.phzh.ch/english/personal-development-english/personal_development_grade_8_en_v2_web.pdf

Borgnini, Mariapia & Crivelli, Giosanna (2003): Fotosprache. Eine didaktische Erfahrung mit ausländischen Jugendlichen. Bellinzona: Casagrande.

de Botton, Alain (2016): Der Lauf der Liebe. Lesung, Kaufleuten Zürich, 26.9.2016.

Bourdieu, Pierre (1982): Die feinen Unterschiede. Kritik der gesellschaftlichen Urteilskraft. Frankfurt am Main: Suhrkamp.

Brenner, Gerd & Niesyto, Horst (1993): Handlungsorientierte Medienarbeit. Video, Film, Ton, Foto. Reihe Praxishilfen für die Jugendarbeit. Weinheim und München: Juventa.

Buckingham, David & Harvey; Issy (2003): Imagining the Audience – Reflections on the pilot phase of VideoCulture. In: Niesyto, Horst (Hg.): Video-Culture. Video und interkulturelle Kommunikation. Grundlagen, Methoden und Ergebnisse eines internationalen Forschungsprojekts, München: kopaed, S. 111-138.

Bühler, Anneke & Heppekausen, Kathrin (2005): Gesundheitsförderung durch Lebenskompetenzprogramme in Deutschland. Grundlagen und kommentierte Übersicht. Köln: Bundeszentrale für gesundheitliche Aufklärung. https://repository.publisso.de/resource/frl:2822891-1/data

Canfield, Jack / Hansen, Mark Victor / Newmark, Amy (2020): Hühnersuppe für die Seele. München: Goldmann.

Casalini, Sandra (2022): Glück ist eine Momentaufnahme. Schweizer Illustrierte. 3.2.2022. https://www.msn.com/de-ch/nachrichten/other/gl%C3%BCck-ist-eine-momentaufnahme/ar-AATqFca?li=BBqg4er

connected 1 (2019): Medien und Informatik. Lehrmittelverlag Zürich.

Diaz, Morena (2018): Love your body und schließe Frieden mit dir selbst! Stuttgart: frechverlag.

Dietrich, Michael (Hg.) (2017): Ich und (meine) Welt – Vom Selbstporträt zum Selfie. Spielarten Kultureller (Medien)Bildung. München: kopaed.

Döbeli Honegger, Beat (2016): Macht der Lehrplan 21 fit für das 21. Jahrhundert? In: hep Magazin 7/2016. Bern: hep verlag. https://beat.doebe.li/publications/2016-doebeli-honegger-hep-magazin-lehrplan-21.pdf

Döring, Nicola (2011): Pornografie-Kompetenz: Definition und Förderung. In: Zeitschrift für Sexualforschung, 24 (3), S. 228-255.

Döring, Nicola (2013): Medien und Sexualität. In: Meister, Dorothee / von Gross, Friederike / Sander, Uwe (Hg.): Enzyklopädie Erziehungswissenschaft Online EEO / Fachgebiet Medienpädagogik / Abschnitt Aktuelle Diskurse.Weinheim und Basel: Beltz Juventa.

Dweck, Carol. Susan (2012). Mindset: How you can fulfill your potential. London: Constable & Robinson Limited.

Eggler, Anitra (2017): Mail halten! Die beste Selbstverteidigung gegen Handy-Terror, E-Mail-Wahnsinn & digitale Dauerablenkung. Frankfurt: Campus Verlag

Eidenbenz, Franz (2021): Digital-Life-Balance. Bewusst und selbstbestimmt dem Online-Sog begegnen. Zürich: Beobachter Edition. Ringier Springer.

Ende, Michael (1993): Momo. Stuttgart und Wien: Thienemann.

Ewald, Wendy (2002): The Best Part of Me: Children Talk About their Bodies in Pictures and Words, Boston: Little, Brown & Company.

Felnhofer, Anna / Kathgassner, Oswald David / Galliez, Stéphanie (2020): Therapie-Tools. Problematische Mediennutzung im Kindes- und Jugendalter. Weinheim und Basel: Beltz

Filipp, Sigrun-Heide (1995): Kritische Lebensereignisse. Weinheim: Beltz, Psychologie-VerlagsUnion.

Foucault, Michel (1997): On the Genealogy of Ethics: An Overview of the Work in Progress. In: Rabinow Paul (Ed.): Ethics, Subjectivity and Truth. Volume 1 of The Essential Works of Foucault, 1954-1984. New York: The New Press.

Frick, Jürg (2021): Resilienz und Salutogenese im Lehrberuf: Förderung und Aufrechterhaltung der Lehrer*innen-Gesundheit. In: Fröhlich-Gildhoff, Klaus/Rönnau-Böse, Maike (2021) (Hg.): Menschen stärken. Resilienzförderung in verschiedenen Lebensbereichen. Wiesbaden: Springer, S. 109-155

Frisch, Max (1977): Homo faber. Frankfurt am Main: Suhrkamp.

Frisch, Max (1995): Fragebogen. Frankfurt am Main und Leipzig: Insel.

Frischknecht, Anina (2018): Kandidatin 5 – Morena Diaz. Prix Courage 2018. Beobachter. 13.9.2018. https://www.beobachter.ch/prix-courage/prix-courage-2018-kandidatin-5-morena-diaz

Fritz-Schubert, Ernst (2010): Schulfach Glück. Wie ein neues Fach die Schule verändert. Freiburg im Breisgau: Herder.

Fritz-Schubert, Ernst / Saalfrank, Wolf-Thorsten / Leyhausen, Malte (2015): Praxisbuch Schulfach Glück. Grundlagen und Methoden. Weinheim: Beltz.

Früh, Werner & Schönbach, Klaus (1982): Der dynamisch-transaktionale Ansatz. Ein neues Paradigma der Medienwirkungen. Publizistik, 27, S. 74-88.

Früh, Werner (2008): Dynamisch-transaktionaler Ansatz. In: Sander, Uwe/ Gross, Friederike von/ Hugger, Kai-Uwe (Hg.): Handbuch Medienpädagogik. Wiesbaden: VS Verlag für Sozialwissenschaften, S. 179-184.

Gauntlett, David (2005): Using Creative Visual Research Methods to Understand Media Audiences. In: MedienPädagogik. Zeitschrift für Theorie und Praxis der Medienpädagogik, 9. Verfügbar unter: www.medienpaed.com/article/view/60

Genner, Sarah & Süss, Daniel (2014): Stress und Stressbewältigung durch neue Medien. Prävention & Gesundheit im Kanton Zürich, P&G. 2014(35). https://doi.org/10.21256/zhaw-1788

Genner, Sarah (2021): Medienkompetenz, digitale Kompetenzen und Kompetenzen im digitalen Zeitalter. https://sarahgenner.medium.com/medienkompetenz-digitale-kompetenzen-und-kompetenzen-im-digitalen-zeitalter-aadd06b78ae2

Gibran, Khalil (1995): Der Prophet. Solothurn und Düsseldorf: Walter (30. Auflage).

Giddens, Anthony (1984): Die Konstitution der Gesellschaft. Grundzüge einer Theorie der Strukturierung, Frankfurt am Main: Campus.

Goleman, Daniel (1997): Emotionale Intelligenz. München: dtv.

Götz, Maya (2019). „Man braucht ein perfektes Bild." Die Selbstinszenierung von Mädchen auf Instagram. TelevIZIon Digital, 1, 9-20. https://www.br-online.de/jugend/izi/deutsch/publikation/televizion/Digital/Goetz-Perfektes_Bild.pdf

Götz, Maya (Hg.) (2013): Die Fernsehheld(inn)en der Mädchen und Jungen: Geschlechterspezifische Studien zum Kinderfernsehen. München: kopaed.

Govaris, Christos (1999): „Wir haben ein eigenes Profil, wir kennen uns in beiden Welten aus..." Das interkulturelle Selbstbild griechischer Migrantenjugendlicher in Deutschland. In: Held, Josef & Spona, Ausma (Hg.): Jugend zwischen Ausgrenzung und Integration. Ergebnisse eines internationalen Projekts. Hamburg: Argument, S. 106-120.

Gürber, Susan & Hermann, Thomas (2006): Der zugewandte Blick. Werner Bischof: 36 Photos. Materialien für den Unterricht. Zürich: Pestalozzianum.

Güthler, Andreas & Lacher, Kathrin (2011): Naturwerkstatt Landart. Ideen für kleine und grosse Naturkünstler. Aarau: AT Verlag.

Hauschild, Günther (2013): Der Fotokurs für junge Fotografen. Bonn: Vierfarben.

Hauschild, Jana (2015): Nicht für Romantiker. Frank Natho plädiert für Freundschaft statt Liebe – und eckt an. Psychologie Heute 04/2015.

Hermann, Thomas & Holzwarth, Peter (2009): «Exkurs: Visualisierte Berufserkundung – Berufswünsche und Berufsvorstellungen visualisieren». In: Berufswahltagebuch. Lehrmittel der Interkantonalen Lehrmittelzentrale, herausgegeben von Erwin Egloff und Daniel Jungo, 164–65. Bern: Schulverlag plus. http://www.berufswahltagebuch.ch

Hieronymi, Andreas (2016): Das VUCA-Konzept – Vier Denkkategorien für Führung und Kommunikation in einer Welt des Wandels. In: Fandel-Meyer, Tanja & Meier, Christoph: scil Arbeitsbericht 25 – Führungskräfteentwicklung mit Zukunft, S. 6-21.

Hohberger, Frauke & Lüder, Rita (2016): Selfie mit Löwenzahn. Bern: Haupt.

Holzwarth, Peter & Maurer, Björn (2014): Fotogedichte »Vergnügungen«. Medienpädagogik Praxis-Blog. https://www.medienpaedagogik-praxis.de/2014/11/11/fotogedichte-vergnuegungen

Holzwarth, Peter & Maurer, Björn (2019). Filme verstehen. Anleitung zur Filmanalyse im Studium am Beispiel des Spielfilms «Heidi». München: kopaed.

Holzwarth, Peter & Roth, Bettina (2021): „Können wir anhand eines Pornos den Geschlechtsverkehr analysieren?" Dekonstruktion von Pornografie aus medien- und sexualpädagogischer Sicht. merz | medien + erziehung 2021/6, S. 62-68.

Holzwarth, Peter & Scheuble, Walter (2017): «Berufswünsche fotografieren. Eine Unterrichtseinheit für die berufliche Orientierung». Pädagogische Hochschule Zürich. http://doi.org/10.5281/zenodo.1001666 / https://zenodo.org/record/1001666

Holzwarth, Peter (2007): Mehrfachzugehörigkeit und hybride Identitäten. Jugendliche mit (und ohne) Migrationshintergrund. In: Lauffer, Jürgen & Röllecke, Renate (Hrsg.): Mediale Sozialisation und Bildung. Methoden und Konzepte medienpädagogischer Projekte. Bielefeld: Gesellschaft für Medienpädagogik und Kommunikationskultur e.V. (GMK), S. 52-65.

Holzwarth, Peter (2008): Migration, Medien und Schule. Fotografie und Video als Zugang zu Lebenswelten von Kindern und Jugendlichen mit Migrationshintergrund. München: kopaed.

Holzwarth, Peter (2011): Kreative Medienarbeit mit Fotografie, Video und Audio. Große und kleine Projektideen für die medienpädagogische Praxis, München: kopaed.

Holzwarth, Peter (2012): Menschen verändern Bilder – Bilder verändern Menschen. Dossiers Medien im Kontext. Digital Learning Center. Pädagogische Hochschule Zürich, Dezember 2012. https://stud.phzh.ch/globalassets/phzh.ch/dienstleistungen/dlc/downloads/dossier_bildmanipulation_2012-12.pdf

Holzwarth, Peter (2013): Fotografische Wirklichkeitskonstruktion im Spannungsfeld von Bildgestaltung und Bildmanipulation. In: Hermann, Thomas / Stiegler, Bernd / Schlachetzki, Sarah M. (Hg.): Themenheft 23: Visuelle Kompetenz. Zeitschrift für Theorie und Praxis der Medienpädagogik. https://www.medienpaed.com/article/view/159/159

Holzwarth, Peter (2014): Fotoprojekt »Tableaux vivants« mit Medienikonen. Medienpädagogik Praxis-Blog. Verfügbar unter: https://www.medienpaedagogik-praxis.de/2014/11/05/fotoprojekt-tableaux-vivants-mit-medienikonen/

Holzwarth, Peter (2016): Fotoprojekt «Botschaften aus der Kindheit». Medienpädagogik Praxis-Blog. https://www.medienpaedagogik-praxis.de/2016/03/03/fotoprojekt-botschaften-aus-der-kindheit/

Holzwarth, Peter (2017a): «Felicità» – Fotogedichte über das eigene Glück. Medienpädagogik Praxis-Blog. https://www.medienpaedagogik-praxis.de/2017/04/06/felicita-fotogedichte-ueber-das-eigene-glueck/

Holzwarth, Peter (2017b): Selbstbewusstsein und soziale Kompetenzen fördern mit Medien. Projektideen im Kontext von Migration und Flucht. In: von Gross, Friederike & Röllecke, Renate (Hg.): Medienpädagogik der Vielfalt – Integration und Inklusion. München: kopaed, S. 93-98

Holzwarth, Peter (2017c): Die Kultur der Selbstoptimierung. Tagesspiegel Causa. https://causa.tagesspiegel.de/gesellschaft/problemzone-koerper/die-kultur-der-selbstoptimierung.html

Holzwarth, Peter (2018): Work-Life-Balance. E-Mails auch am Wochenende? PH inside 3/2018, S. 19

Holzwarth, Peter (2019): Heute keine Mittagspause! – Wie Medien Stress beeinflussen können. Lifelong Learning Blog. Anregungen für Lehrende an Hochschulen und in der Berufsbildung. Pädagogische Hochschule Zürich. https://blog.phzh.ch/zhe/stress-medien/

Holzwarth, Peter (2019): My Selfie My Skills: Wertschätzung der eigenen Kompetenzen. Medienpädagogik Praxis-Blog. https://www.medienpaedagogik-praxis.de/2019/03/26/my-selfie-my-life-skills/#more-6634

Holzwarth, Peter / Kuhn, Doris / Marruncheddu Krause, Sabrina (2019): Life Skills und Medien. In: Donlic, Jasmin / Jaksche-Hoffman, Elisabeth / Peterlini, Hans Karl (Hg.): Ist inklusive Schule möglich? Nationale und internationale Perspektiven. Bielefeld: transcript, S. 213-232.

Houellebecq, Michel (2002): Plattform. Kön: DuMont.

Illouz, Eva (2016): Warum Liebe weh tut. Frankfurt am Main: Suhrkamp.

Jakob, Gitte & Seebauer, Laure (2020): Selbstwert. 75 Therapiekarten. Weinheim: Beltz.

Jansen, Gijs (2020): Achtsam durch den Tag. Ein Fächer mit mehr als 30 alltagstauglichen Übungen. Göttingen: Hogrefe.

Kästner, Erich (2021): Doktor Erich Kästners Lyrische Hausapotheke. Zürich: Atrium (EA 1936).

Kekeritz, Mirja & Graf, Ulrike (2015): Lebenskompetenzen stärken: Dankbarkeit im Kindesalter. Niedersächsisches Institut für frühkindliche Bildung und Entwicklung / Forschungsstelle Elementar- und Primarpädagogik. nifbe-Themenheft Nr. 26. Osnabrück.

Keupp, Heiner / Ahbe, Thomas / Gmür, Wolfgang (1999): Identitätskonstruktionen. Das Patchwork der Identitäten in der Spätmoderne. Reinbek bei Hamburg: Rowohlt.

Körner, Susanne (2009): Kassenbonwortschatz nach Sachgruppen: Eine Sammlung. Hamburg: Materialverlag.

Landesinstitut für Lehrerbildung und Schulentwicklung Hamburg (2012): Checkliste zur Bewertung von Internetquellen für Schülerinnen und Schüler. https://li.hamburg.de/contentblob/3461588/aeeb63b90b0c1ca82dbb0737d318392c/data/pdf-internetquellen-bewerten-in-der-profiloberstufe.pdf

Lechner, Wolfgang (Hg.) (2012): Was mein Leben reicher macht. Glücksmomente aus dem Alltag. München: Knaur.

Leis, Mario (2019): Kreatives Schreiben: 111 Übungen. Überarbeitete und erweiterte Ausgabe. Stuttgart: Reclam.

Ludwig, Bernhard (2005): Anleitung zur sexuellen Unzufriedenheit. Wien: Ueberreuter.

Maar, Paul (1973): Eine Woche voller Samstage. Hamburg: Oetinger.

Mappes-Niediek, Norbert (2013): Arme Roma, böse Zigeuner – Was an den Vorurteilen über die Zuwanderer stimmt. Berlin: Christoph Links Verlag.

Maurer, Björn (2013): Die Produktion eines Buchtrailers mit Video. Pädagogische Hochschule Zürich (unveröffentlichtes Manuskript).

Maurer, Björn (o. J.): Video-Buchtrailer erstellen. https://filme-foerdern-sprache.org/2014/02/20/video-buchtrailer-erstellen/

Mecheril, Paul (2003): Prekäre Verhältnisse. Über natio-ethno-kulturelle (Mehrfach-) Zugehörigkeit. Münster: Waxmann.

Migge, Björn (2014): Handbuch Coaching und Beratung. Weinheim und Basel: Beltz, 3. Auflage.

Morgenstern, Isabel & Memory Biografie- und Schreibwerkstatt e.V. (2011): Projekt Lebensbuch. Biografiearbeit mit Jugendlichen. Mülheim an der Ruhr: Verlag an der Ruhr.

Museum für Kommunikation, Bern / Stiftung Haus der Geschichte der Bundesrepublik Deutschland (2007): Bilder, die lügen – didaktische Materialien. http://www.mfk.ch/fileadmin/pdfs/Bildung_Vermittlung/Materialien/Ausstellungen/Bdl/Bdl_didakt_Materialien.pdf

Nakamura, Yuka (2012). Achtsamkeit. In: Steinebach, Christoph / Jungo, Daniel / Zihlmann, René (Hg.) (2012): Positive Psychologie in der Praxis. Weinheim und Basel: Beltz, S. 60-67

Newport, Cal (2019): Digitaler Minimalismus. Besser leben mit weniger Technologie. München: Redline.

Niesyto, Horst (1991): Erfahrungsproduktion mit Medien. Selbstbilder, Darstellungsformen, Gruppenprozesse. Edition Soziale Arbeit. Weinheim und München: Juventa.

Niesyto, Horst (2000): Media Art meets Media Education. Interview mit der Medienkünstlerin Gina Lamb aus Los Angeles. Ludwigsburg. https://www.ph-ludwigsburg.de/html/1b-mpxx-s-01/vidcultd/deutsch/falusaint.pdf

Niesyto, Horst/Holzwarth, Peter/Maurer, Björn (Hg.) (2007): Interkulturelle Kommunikation mit Foto und Video. Ergebnisse des EU-Projekts CHICAM »Children in Communication about Migration«, München: kopaed.

Orlowski, Jeff (2020): Das Dilemma mit den sozialen Medien. (The Social Dilemma.) Dokudrama. USA 2020, Netflix.

Perel, Ester (2021): Was Liebe braucht. Das Geheimnis des Begehrens in festen Beziehungen. Deutschland: HarperCollins.

Portman, Rosemarie (2020): Die 50 besten Spiele für mehr Selbstvertrauen. München: Don Bosco.

Pouyet Marc (2009): Ideenbuch Landart – 300 Inspirationen für Naturgestaltungen rund ums Jahr. Aarau: AT Verlag.

Rickert, Alex (2019): 21st Century Skills – Kompetenzen für die Berufswelt von morgen. Lifelong Learning Blog, Pädagogische Hochschule Zürich, 2019. https://blog.phzh.ch/zhe/21st-century-skills/

Rickli, Mara (2021): Lachen ist fröhlich, Schreien ist wütend, Weinen ist traurig. Interview mit Sara Jonah Utopia. Republik, 22.6.2021. https://www.republik.ch/2021/06/22/lachen-ist-froehlich-schreien-ist-wuetend-weinen-ist-traurig?utm_source=newsletter&utm_medium=email&utm_campaign=republik%2Ftemplate-newsletter-taeglich-2021-06-22

Rigoni, Olivia (2017): Eine Woche ohne Smartphone. 23. Februar 2017 https://blog.phzh.ch/akzente/2017/02/23/eine-woche-ohne-smartphone/

Rossa, Robert & Rossa, Julia (2021): Die 50 besten Spiele gegen Cybermobbing. München: Don Bosco.

Savickas, Marc (2015): Life-Design Counseling Manual. http://www.vocopher.com/LifeDesign/LifeDesign.pdf

Schädeli, Daniela (2021): Was mich und uns glücklich macht. Die SchatzZeit fördert die psychischen Gesundheit der Kinder. In: Winistörfer, Beatrix / Schädeli, Daniela / Berger, Jörg / Niethammer, Nik / Pfaffhauser, Rico: Schule 21 macht glücklich. Vision Verband Schulleiter und Schulleiterinnen Schweiz. CHVSL. Zug: Kalt Medien AG 2021, S. 38-40

Schärer, Kathrin (2021): Da sein: Was fühlst du? München: Hanser.

Schell, Fred (2003): Aktive Medienarbeit mit Jugendlichen. Theorie und Praxsi. München: kopaed, 4. Auflage.

Schmid, Wilhelm (1998): Philosophie der Lebenskunst. Eine Grundlegung. Frankfurt am Main: Suhrkamp.

Schmid, Wilhelm (2012): Unglücklich sein. Eine Ermutigung. Berlin: Insel.

Schneider, Sandra Miriam (2018): Achtsames Schreiben. Wie Sie Klarheit und Gelassenheit gewinnen können. Berlin: Duden. Bibliographisches Institut.

Schramm, Holger (2005): Mood Management durch Musik: Die alltägliche Nutzung von Musik zur Regulierung von Stimmungen, Köln: Halem Verlag.

Schreiber, Daniel (2021): Allein. Berlin: Hanser.

Schulz von Thun, Friedemann (1989): Miteinander reden 2, Reinbek bei Hamburg: Rowohlt.

Schulz von Thun, Friedemann (1998): Miteinander reden 3, Reinbek bei Hamburg: Rowohlt.

Schwerpunktprogramm «gsund und zwäg i de Schuel» (Hg.) (2012): Lebenskompetenz entwickeln. Eine Arbeitshilfe für Schulen. Aarau, August 2012 https://www.gesunde-schule-ag.ch/myUploadData/files/Arbeitsinstrument_Lebenskompetenz.pdf

Simon, Aino (2021): Liebe lieber einzigartig. Berlin: Goldegg.

Slinkachu (2009): Kleine Menschen in der großen Stadt. Hamburg: Hoffmann und Campe.

Spielmann, Raphael (2020): Die Bürger von Calais. Werkanalyse mit 3D-Ansichten und Augmented Reality. Überlegungen und praktische Umsetzungen. In: KUNST+UNTERRICHT 439/440, S. 34-36.

Stauber, Urs & Gavin, David (2015): Eintauchen in die digitale Fotografie. PH Zürich. Digital Learning Center. 5., überarbeitete Version, Mai 2015. https://blog.phzh.ch/observatorium/files/2015/06/Dossier-Digitalfotografie.pdf

Steinebach, Christoph / Jungo, Daniel / Zihlmann, René (Hg.) (2012): Positive Psychologie in der Praxis. Anwendung in Psychotherapie, Beratung und Coaching. Weinheim und Basel: Beltz.

Steiner, Verena (2005): Energiekompetenz. München: Pendo.

Sterel Saskia / Pfiffner Manfred & Caduff Claudio (2018): Ausbilden nach 4K –Ein Bildungsschritt in die Zukunft. Bern: hep-Verlag.

Suhrkamp Verlag (Hg.) (1990): Bertolt Brecht. Die Gedichte. Frankfurt am Main: Suhrkamp.

Süss, Daniel (2012): Positiver Medienumgang und Medienkompetenz. In: Steinebach, Christoph / Jungo, Daniel / Zihlmann, René (Hg.): Positive Psychologie in der Praxis. Anwendung in Psychotherapie, Beratung und Coaching. Weinheim und Basel: Beltz, S. 220-227.

Szerovay, Krisztina (2017): Dark Patterns. https://uxknowledgebase.com/dark-patterns-3b41ed7a690e

Trang Do, Quynh (2019): «Ethical Porn»: Masturbieren ohne Schuldgefühle. https://www.srf.ch/radio-srf-virus/aktuell/sexualitaet-ethical-porn-masturbieren-ohne-schuldgefuehle

Turkle, Sherry & Haffner, Peter (2012): Wir sind zusammen allein. SZ-Magazin Heft 30/2012. https://sz-magazin.sueddeutsche.de/gesellschaft-leben/wir-sind-zusammen-allein-79093

Turkle, Sherry (2011): Alone together. Why We Expect More from Technology and Less from Each Other. New York: Basic Books.

Ulrich, David (2019): ZEN – Der Weg des Fotografen. Tägliche Übungen für mehr Kreativität in der Fotografie. Heidelberg: dpunkt.verlag.

Ulrich, Viola (2017): Dieses soziale Netzwerk schadet deiner Psyche am meisten. Welt. 24.05.2017. https://www.welt.de/kmpkt/article164839518/Dieses-soziale-Netzwerk-schadet-deiner-Psyche-am-meisten.html

Verzijl, Christina (2015): Great Self-Esteem Exercise for Teens: The Mirror Exercise. https://dr-carol.com/category/mirror-exercise/

Voit, Nora (2021): Gefiltert sind wie alle gleich. Beauty-Filter auf Instagram optimieren die Gesichter ihrer Nutzerinnen. Das hat Folgen – für unser Schönheitsideal, unseren Selbstwert und eine diverse Gesellschaft. 3. Januar 2021. https://www.zeit.de/campus/2020-12/instagram-beauty-filter-schoenheitsideal-selbstbild-diversitaet-psychologie/komplettansicht.

Weidinger, Wiltrud (2014a): ME 1. Me, My Feelings, My Friends. Discover your strengths and develop your self-esteem. Zurich University of Teacher Education, Centre IPE. https://ipe-textbooks.phzh.ch/globalassets/ipe-textbooks.phzh.ch/english/me-vol.-1_eng.pdf

Weidinger, Wiltrud (2014b): ME 2. Me, My Talents, My World. Discover your strengths and develop your self-esteem. https://ipe-textbooks.phzh.ch/globalassets/ipe-textbooks.phzh.ch/english/me-vol.-2_eng.pdf

Weidinger, Wiltrud (2016): Workbook Face 2. Improve your self-esteem and celebrate together. Ages 7 to 9. (Co-Authors: Sabrina Marruncheddu, Peter Holzwarth). Zurich University of Teacher Education, Centre IPE. https://ipe-textbooks.phzh.ch/globalassets/ipe-textbooks.phzh.ch/english/face-eng-rom-2.-fassung/face_2_en_2021.pdf

Wellensiek, Sylvia Kéré (2017): Handbuch Resilienztraining. Widerstandskraft und Flexibilität für Unternehmen und Mitarbeiter. 2., aktualisierte Auflage. Weinheim: Beltz.

Wells, Benedict (2021): Hard Land. Zürich: Diogenes.

Westenfelder, Nicole (2018): Zehn Tipps für einen vernünftigeren Handygebrauch. SRF. https://www.srf.ch/wissen/gesundheit/zehn-tipps-fuer-einen-vernuenftigeren-handygebrauch

Willemse, Isabel (2015): Onlinesucht. Göttingen, Hogrefe.

World Health Organization (1997): Life skills education for children and adolescents in schools. Introduction and guidelines to facilitate the development and implementation of life skills programmes. World Health Organization.

World Health Organization (2020): Life skills education school handbook: prevention of noncommunicable diseases – Introduction. Geneva: World Health Organization; 2020. Licence: CC BY-NC-SA 3.0 IGO. https://www.who.int/publications/i/item/9789240005020

Zaug, Uwe (2019): Selbstportraits. Zebis Portal für Lehrpersonen. https://www.zebis.ch/unterrichtsmaterial/selbstportraits

(letzter Zugriff auf alle Webseiten am 9.3.2022)